C.H.BECK WISSEN

Jahrtausende galten sie als unüberwindlich: Die Lage der Alpen zwischen dem früh zivilisierten Mittelmeer und dem sehr fruchtbaren, ebenso früh besiedelten Mitteleuropa machte aus ihnen lange Zeit einen Riegel, der überwunden werden musste, um die beiden Gebiete zu verbinden. Hansjörg Küster folgt der Geschichte der Alpen von ihrer Entstehung durch die Kollision der afrikanischen mit der europäischen Platte, ihrer Überformung durch die Eiszeitgletscher und der erstaunlich frühen Nutzung auch ihrer Hochlagen bis hin zu ihrer Erforschung und zum heutigen Tourismus. Die Alpen sind das erste Hochgebirge der Welt, das gut erschlossen wurde; hier wurde der Typ des Alpinen erstmals festgelegt. Doch diese Entwicklung hat auch Schattenseiten.

Hansjörg Küster ist Professor für Pflanzenökologie am Institut für Geobotanik der Leibniz Universität Hannover. Bei C.H.Beck sind jüngst von ihm erschienen: *Deutsche Landschaften. Von Rügen bis zum Donautal* (2017), *Der Wald. Natur und Geschichte* (2019).

Hansjörg Küster

DIE ALPEN

Geschichte einer Landschaft

C.H.Beck

Mit 18 Abbildungen und 1 Karte

Originalausgabe

www.chbeck.de
Reihengestaltung Umschlag: Uwe Göbel (Original 1995, mit Logo),
Marion Blomeyer (Überarbeitung 2018)
Umschlagabbildung: Blick auf das Wettersteingebirge,
© Shutterstock/U. Gernhoefer
Satz: C.H.Beck.Media.Solutions, Nördlingen
Druck und Bindung: Druckerei C.H.Beck, Nördlingen
Printed in Germany
ISBN 978 3 406 74828 8

myclimate

klimaneutral produziert
www.chbeck.de/nachhaltig

Inhalt

Einleitung 7

1. Die Alpen – eine geographische Übersicht 9

2. Geologie der Alpen 22

3. Vegetation der Alpen 38

4. Frühe Besiedlung der Alpen 49

5. Die Herausbildung der für traditionell gehaltenen Alpenlandschaft seit dem Mittelalter 61

6. Die Schweiz, ein besonderes Land 75

7. Musik, Krippen, Dirndl und Lederhosen 86

8. Erschließung der Alpen für den Tourismus 91

9. Die Gegenwart der Alpen 103

Literatur 113
Bildnachweis 116
Register 117

Einleitung

Eine meiner ersten Alpenreisen führte mich in die Umgebung von Sankt Gallen. Meine Gastgeber brachten mich erst nach Einbruch der Dunkelheit in mein Quartier nach Teufen. So konnte ich mir noch keinen Eindruck der Umgebung des Hauses verschaffen. Am nächsten Morgen dann wartete eine große Überraschung auf mich: Ich öffnete das Fenster und eine wunderbare Landschaft war vor mir ausgebreitet. Unter einem herrlich blauen Himmel und der strahlenden Sonne lagen weite, frisch grüne Matten vor mir, darin eingestreut Einzelhöfe, die sich an einigen Stellen zu Dörfern verdichteten, dazwischen Kirchen mit spitzen Türmen. Dunkelgrüne Wälder bedeckten die Hügel.

Im Hintergrund stieg das Gebirge an. Auf dem unteren Teil des steilen Hanges erstreckte sich ein geschlossener Waldstreifen, darüber erhoben sich gebänderte Felsen, auf deren Spitzen Schnee lag; denn nur in den niedrigen Lagen war schon beinahe Sommer, in den Bergen herrschte noch Frühling. Ganz oben erkannte man die breit gelagerte Gipfelregion des Säntis. Ich hörte Kirchen- und Kuhglocken sowie deren Widerhall, und über der gesamten strahlenden Szenerie lag ein wunderbarer Duft nach frischem Gras.

Ich bin seitdem an vielen Orten der Alpen gewesen. Immer wieder überraschen Farben, Düfte und Klänge. Sie stehen in einem Zusammenhang, und es scheint mir besonders wichtig zu sein, diesen Zusammenhang zu erkennen: aus Gestein, Pflanzen und Tieren, Menschen, ihren Bauwerken, ihren Landschaften. Was soll man da besonders hervorheben? Natur? Kultur? Man muss beides sehen. Sicher sind die Alpen nicht nur zum Skifahren oder zum Bergsteigen da, aber genauso wenig kann man sie ausschließlich als Naturschutzobjekte, als Wildnis sehen. Ihre Landschaften sind von Natur, Kultur und zahlreichen Ideen geprägt, und all das ist zu entdecken, wenn man dieses eindrucksvolle mitteleuropäische Hochgebirge besucht.

Dieses Buch soll eine kleine Einführung sein, die Alpen kennenzulernen. Nicht jeder Bergzug oder Gipfel, nicht jeder Ort oder jedes Tal kann da Berücksichtigung finden. Aber wesentliche Gesichtspunkte sollten aufgeführt werden. Meine Mutter Ulla Küster hat die Texte des Manuskriptes als erste Leserin in Händen gehabt und mir wichtige Tipps gegeben. Im Verlag wurde es von Stefan Bollmann und Angelika von der Lahr betreut. Allen danke ich herzlich und widme dieses Buches dem Andenken an meinen Vater Götz Küster (1923–2018), der ein begeisterter Alpenliebhaber war und mit dem ich bis in sein hohes Alter immer wieder in die Alpen gefahren bin.

Grafenhausen, im Januar 2020 Hansjörg Küster

1. Die Alpen – eine geographische Übersicht

«Die Alpen» ist ein Begriff, den man nur im Plural verwendet. Es ist nämlich nicht nur von einem Berg oder auch einem einzelnen Gebirge die Rede, sondern von vielen Bergen, ja sogar von vielen Gebirgszügen mit tiefen Tälern dazwischen. Die Alpen erstrecken sich vom Durchbruch der Donau an den Kleinen Karpaten in der Slowakei bis zum Apennin und zum Mittelmeer («Alpes maritimes» in Frankreich), an die sich südöstlich die Ligurischen Alpen anschließen. Die Bergzüge der Alpen weichen im Osten etwas auseinander; dort sehen sie auf dem Kartenbild wie die Fangarme einer riesenhaften Garnele aus. Auch der Westen der Alpen erinnert auf der Karte an die Form einer Garnele, deren hinterer Teil sich nach «unten», also nach Süden, biegt, hin zum Apennin, dem Hochgebirge, von dem das Rückgrat der italienischen Halbinsel gebildet wird. Die Alpen gehören zu einem Riegel von Hochgebirgen in Eurasien, die von West nach Ost verlaufen. Das westlichste Gebirge in dieser Kette sind die Pyrenäen an der Grenze zwischen Frankreich und Spanien. Die östliche Fortsetzung der Alpen sind die Karpaten, dann der Kaukasus an der Grenze zwischen Europa und Asien; in Asien gehört auch der Himalaja mit den höchsten Gipfeln der Welt zu diesem Gebirgsriegel. Das gesamte Gebirgssystem erhielt seinen Namen von den Alpen: Man bezeichnet es nämlich als «Alpidischen Gebirgsgürtel».

Die Alpen setzen sich aus mehreren Bergketten zusammen. Die meisten von ihnen haben ebenso wie das Gebirge insgesamt eine ostwestliche Erstreckung. Nur ein Teil von ihnen sieht so aus, wie wir uns die Alpen vorstellen; sie haben steil aufragende Felsen, und ihre Gipfel sind das ganze Jahr über von Schnee und Eis bedeckt. Andere sind waldreiche Anhöhen und ähneln eher Mittel- als Hochgebirgen. Weil viele dieser Bergzüge klangvolle Namen haben, müssen sie hier einmal aufgezählt werden.

DEUTSCHLAND
FRANKREICH
Rhein
Basel
Zürich
Bregenzer Wald
Appenzeller Alpen
LIECHTENSTEIN
Vaduz
SCHWEIZ
Bern
Glarner Alpen
Chur
Rätikon
Silvretta
Rhein
Rätische Alpen
Berner Alpen
Eiger
Mönch
Jungfrau
Furkapass
St.-Gotthard-Pass
St. Moritz
Piz Bernina
Brig
Genf
Rhône
Simplonpass
Tessiner Alpen
Savoyer Alpen
Walliser Alpen
Matterhorn
Monte Rosa
Bergamasker Alpen
Rhône
Mont Blanc
Großer St.-Bernhard-Pass
Kleiner St.-Bernhard-Pass
Col de l'Iseran
Mailand
Grajische Alpen
Grenoble
Dauphiné
Col du Mont Cenis
Turin
Po
Po
FRANKREICH
Cottische Alpen
Ligurische Alpen
Genua
Provençalische Alpen
Meeralpen
Nizza
Monaco

Augsburg
Linz
München
Salzburg
Allgäuer Alpen
Salzburger Alpen
ÖSTERREICH
Bayerische Alpen
Inn
Dachstein
Zugspitze
Karwendel
Kitzbüheler Alpen
Niedere Tauern
Innsbruck
Mur
Lechtaler Alpen
Stubaier Alpen
Zillertaler Alpen
Großglockner
Hochtorpass
Brennerpass
Ötztaler Alpen
Timmelsjoch
Hohe Tauern
Kärntner Alpen
Jaufenpass
Pustertal
Ortler-Gruppe
Plöckenpass
Karawanken
Drau
Karnische Alpen
Ortler
Bozen
Vršičpass
Stilfser Joch
Dolomiten
Venezianer Alpen
Julische Alpen
Ljubljana
Adamello-Gruppe
SLOWENIEN
Trientiner Alpen
Triest
Venedig
Etsch
Po
ITALIEN
Bologna
Adria
Apennin
0 25 50 km

Wie ein Mittelgebirge wirkt beispielsweise der Wiener Wald ganz im Nordosten der Alpen, von dem aus das ostösterreichische Bergland nach Westen zu immer höher wird, über die Eisenerzer Alpen zu den Niederen und Hohen Tauern. Nördlich davon erstrecken sich Dachstein, Salzburger und Kitzbüheler Alpen, südlich einige niedrigere Ketten, etwa die Fischbacher, Seetaler, Gurktaler und Gailtaler Alpen. Über die Karawanken verläuft die Grenze zwischen Österreich und Slowenien, über die Karnischen Alpen diejenige zwischen Österreich und Italien. Der mächtigste Bergzug des zu Italien gehörenden Südtirol sind die Dolomiten, denen die Venezianer Alpen im Südosten vorgelagert sind. Deren östliche Fortsetzung sind die überwiegend in Slowenien liegenden Julischen Alpen.

Im Westteil Österreichs, in Tirol und Vorarlberg, wo der Ostalpenstaat eine nordsüdliche Ausdehnung von nur etwa 50 Kilometern aufweist, schließen sich die Zillertaler, Ötztaler und Stubaier Alpen sowie die Verwallgruppe an die Kette der Hohen Tauern an. Nördlich davon, zum Teil an der Grenze zu Deutschland und den Bayerischen Alpen, sind das Karwendelgebirge, die Lechtaler und Allgäuer Alpen sowie der nicht so weit in die Höhe ragende Bregenzer Wald auf der Landkarte eingezeichnet. Die Grenze zwischen Österreich und dem Osten der Schweiz läuft am Kamm von Silvretta und Rätikon entlang. Letztere Gegend muss man von den Rätischen Alpen unterscheiden; diese bilden mehrere räumlich begrenzte Bergketten in Graubünden und reichen bis zur italienischen Grenze.

In der Zentralschweiz befinden sich weitere ostwestlich verlaufende Ketten, Glarner und Berner Alpen, südlich davon Tessiner und Walliser Alpen, nördlich die Appenzeller Alpen. Südlich der Rätischen Alpen gibt es in Italien noch die Bergamasker Alpen, die aus mehreren Ketten bestehen. Dabei wird leicht vergessen, wie weit sich die Bergmassive Norditaliens ausdehnen. Vom Alpenkamm, beispielsweise am Brenner und am Reschenpass, ist der Südrand der Alpen über 100 Kilometer entfernt; das ist mehr als die Entfernung von diesen beiden Pässen zum Alpennordrand.

Genauso oft wie die Weitläufigkeit der Alpen auf italienischem Staatsgebiet unterschätzt wird, denkt man auch nicht daran, wie groß die Ausdehnung der vielerorts einsamen Französischen Alpen ist. Am Westende des Hochgebirges erstrecken sich die Bergketten allerdings eher in einer Richtung von Nordost nach Südwest oder gar von Nord nach Süd, denn die Alpen biegen hier nach Süden um. Man kommt in die Savoyer und die Grajischen Alpen, die Dauphiné und die Cottischen Alpen sowie die See- oder Meeralpen, deren Bergzug sich nach Südosten bzw. Osten wendet. Im Westen vorgelagert sind Französische Kalkalpen und Provençalische Alpen; deren östliche Fortsetzung an der italienischen Riviera sind schließlich die Ligurischen Alpen.

Die Bergketten ordnet man den Nord-, Zentral- und Südalpen zu. Die Zentralalpen bestehen aus kristallinem Gestein, die Nord- und Südalpen aus Kalk. Daher bezeichnet man sie auch als nördliche und südliche Kalkalpen. Während die nördlichen Kalkalpen am gesamten nördlichen Gebirgsrand zu finden sind, gibt es südliche Kalkalpen nur im Ostteil des Gebirges. Man unterscheidet auch zwischen West- und Ostalpen und legt die Grenze ungefähr an den Rhein.

Man kann die einzelnen Bergzüge weiter untergliedern, es gibt noch mehr Begriffe für Teile der Alpen. Alle haben sie klangvolle Namen, mehr oder weniger vertraute Musik in den Ohren von Feriengästen. Viele von ihnen haben ihren Namen aber nicht von den Bergen, sondern von den Tälern oder Niederungslandschaften erhalten, an deren Rand sie aufragen. Die Berner Alpen erhielten ihren Namen von der Hauptstadt der Schweiz, die Bergamasker Alpen wurden nach Bergamo am Südrand des Gebirges benannt. Bei der Benennung der Allgäuer und der Bayerischen Alpen standen die Vorlandbereiche der Alpen Pate, und die Venezianer Alpen bekamen ihren Namen nach der Lagunenstadt am Mittelmeer. Namengebend für weitere Bergrücken waren die Täler nördlich oder südlich davon. Das gilt für die nach dem Fluss Gail benannten Gailtaler Alpen oder die am Lech gelegenen Lechtaler Alpen genauso wie für das Wallis, denn «val» oder «valle» sind Begriffe romanischer Sprachen für «Tal». Weitere nach Tälern benannte Niederungen sind das Engadin (nach dem rätoromanischen Namen «En» für den Inn), das Veltlin (italienisch Valtellina), das Große und das Kleine Walsertal.

Typischerweise verlaufen diese Täler ebenso wie die Bergzüge in ostwestlicher Richtung. Im Osten werden sie von Gewässern durchflossen, die die Alpen nach Osten verlassen; dazu gehören Inn, Salzach, Enns, Mur, Drau mit den Nebenflüssen Möll und Gail, Save, Tagliamento und Etsch (im Vinschgau). Dieser Fluss biegt in seinem weiteren Verlauf in Richtung Süden um. Auch Vorder- und Hinterrhein weisen nach Osten, denn beide Quellflüsse waren ehemals Oberläufe der Donau, bevor sie vom Rhein angezapft wurden und sich nach Norden wandten. Im Westen der Alpen nutzen weitere Fließgewässer die Längstäler der Alpen. Sie verlassen das Gebirge in westlicher Richtung, darunter die Rhône (im Wallis), die Adda (im Veltlin) oder die Durance zwischen den Cottischen Alpen und der Dauphiné. Im Gegensatz zu den typischen Längstälern, die in der Richtung der Alpen verlaufen, gibt es nur wenige Quertäler mit Flüssen in nördlicher oder südlicher Richtung. Diese Täler werden als Durchlässe zwischen den Alpenketten für heute wichtige Verkehrswege genutzt: das Salzachtal zwischen Dachstein und Salzburger Alpen, die Täler von Eisack und Etsch (Adige) westlich der Dolomiten, das Tal der Reuss westlich der Glarner Alpen und das Tal des Ticino, das östlich der Tessiner Alpen entlangführt. Einige Flüsse, die zu den wichtigsten und wasserreichsten in Europa zählen, entspringen in den Alpen, nämlich der Inn als Nebenfluss der Donau, Rhein, Rhône und Po. Die Europäische Hauptwasserscheide zwischen Strömen, die in die Nordsee und die ins Mittelmeer münden, verläuft auf gewundener Linie durch die Alpen, und zwar südlich des Rheins, der in jüngeren Phasen der Erdgeschichte seinen Einzugsbereich immer weiter nach Süden ausgedehnt hat, und zwar auf Kosten von Donau und Rhône, die gewissermaßen Teile ihrer Stromgebiete an den Rhein abtreten mussten: Er hat ein stärkeres Gefälle und bringt Wasser besonders schnell zum Meer.

Den Alpen im Norden vorgelagert ist das hügelige Alpenvorland, zu dem beispielsweise das Schweizer Mittelland, das

Allgäu, Oberbayern und das Innviertel gehören. Südlich der Alpen dehnt sich die weite Po-Ebene aus mit der Lombardei, Venetien und dem Friaul. Von den Tälern und vom Vorland aus sieht man zwar die hoch aufragenden Berge, aber diese Niederungen sind natürlich keine Elemente einer Gebirgslandschaft. An vielen Orten der Alpen stehen die tief gelegenen trockenen Regionen in einem deutlichen Kontrast zu den hoch aufragenden Gipfeln.

Ein weiterer deutlicher Gegensatz besteht zwischen den trockenen und warmen, oft auch heißen Südhängen der Gebirgszüge und der Längstäler, auf die die Strahlen der Sonne im rechten Winkel treffen, und den Nordhängen, von denen einige nie oder nur sehr selten von der Sonne erreicht werden.

Die Bergketten am Nord- und Südrand der Alpen weisen ein niederschlagsreiches Klima auf, denn es kommt dort zu Steigungsregen: Der Wind treibt die Wolken an die Felsen, so dass die feuchten Luftmassen der Regenwolken aufsteigen müssen. Sie gelangen dabei in kühlere Luftschichten, wo der Wasserdampf der Wolken zu Regentropfen kondensiert: Es kommt zu ergiebigem Regen, den man am Nordrand der Alpen bezeichnenderweise «Schnürlregen» nennt. Im Winter können dort auch erhebliche Mengen an Schnee fallen, mehr als einen Meter hoch an einem Tag. Aber es gibt auch besonders viele Sonnenstunden am Nord- und Südrand der Alpen, und die Längstäler der Zentralalpen gehören zu den ausgesprochen trockenen Gegenden Europas, vor allem das Tal der Durance, das Wallis und der Vinschgau sowie das Drautal. Beides hängt mit dem Wetterphänomen «Föhn» zusammen, das für die Alpen typisch ist.

Steigungsregen und Föhn sowie deren Abhängigkeit voneinander sind in den Alpen erstmals beobachtet und erforscht worden. Bei südlichem oder südwestlichem Wind kann am Südrand der Alpen erheblicher Niederschlag auftreten. Sinkt dann die Luft, die einen Großteil ihrer Feuchtigkeit durch Steigungsregen verloren hat, nördlich der Bergketten wieder ab, erwärmt sie sich stark, so dass es zu einer warmen und trockenen Witterung in den Längstälern der Alpen und am Alpennordrand kommt. Der Föhnwind schwillt manchmal bis zur Sturmstärke an und lässt die Temperaturen um über zehn Grad ansteigen. Weht der Wind dagegen von Norden oder Nordwesten, regnet es an Bergkämmen der nördlichen Alpen, und die trockene und sich erwärmende Luft gelangt ebenfalls in die Längstäler und dann auch an den Südrand der Alpen.

Wenn sich Tiefdruckgebiete, die man auch Tiefdruckwirbel oder Zyklone nennt, von Westen nach Osten im Gegenuhrzeigersinn über Mitteleuropa und die Alpen bewegen (das ist häufig der Fall), weht der Wind im Norden der Alpen zuerst aus südlicher Richtung und bringt warme Luft mit sich. Die Luft erwärmt sich dann in der Föhnwetterlage noch zusätzlich, und ein Warmluftschwall erreicht das nördliche Alpenvorland. Hinter der Front eines Tiefdruckgebietes bricht der Föhn zusammen, der Wind dreht auf Nordwest, und kühle oder kalte Luft mit schweren Regenwolken dringt an den Alpenrand vor. Damit verbunden ist ein Temperatursturz um manchmal mehr als zehn Grad: im Winter von frühlingshaften Temperaturen bis zum Gefrierpunkt, im Sommer von nahe dreißig auf nur noch wenig mehr als zehn Grad. Das ist für viele Menschen sehr anstrengend, man spricht sogar von der Föhnkrankheit, die dann um sich greift. Aber möglicherweise wird sie ausschließlich durch den plötzlichen Wetterwechsel ausgelöst, zu dem es, wenn mehrere Tiefdruckwirbel aufeinanderfolgen, auch mehrmals innerhalb von wenigen Tagen kommen kann.

Steigungsregen und Föhn haben auch zur Folge, dass nördlich und südlich der Alpen oft völlig unterschiedliche Witterungsbedingungen herrschen. Dabei stellt man immer wieder fest, dass man nicht nur von verregneten Nordalpen in den sonnigen Süden fährt, sondern es kommt auch gar nicht so selten vor, dass es in Norditalien tagelang ergiebig regnet, während nördlich der Alpen die Temperaturen auf sommerliche Werte ansteigen.

Die Alpen liegen wie ein Riegel – oder, geht man von ihren einzelnen Bergketten aus, wie mehrere Riegel – zwischen Süd- und Mitteleuropa. Ihre Berge gehören zu den höchsten in Mitteleuropa. Ob sie die höchsten von ganz Europa sind, ist die Frage: Denn den Kaukasus, in dem es noch weiter aufragende

Gipfel gibt, zählen die einen zu Europa, die anderen zu Asien. Der höchste Berg im Kaukasus ist der 5642 Meter aufragende Elbrus. In den Alpen gibt es keine Fünftausender; der höchste Gipfel ist der an der Grenze zwischen Frankreich und Italien, in den Savoyer Alpen liegende Mont Blanc (4810 m). Die nächsthöheren Gipfel ragen in den benachbarten Walliser Alpen auf, darunter die Dufourspitze als höchste Erhebung der Schweiz (4634 m) und das Matterhorn (4478 m). In den nördlich vom Wallis gelegenen Berner Alpen gibt es weitere Viertausender, darunter Finsteraarhorn (4274 m), Jungfrau (4158 m) und Mönch (4099 m). Der Eiger, der mit Jungfrau und Mönch ein eindrucksvolles Massiv bildet, reicht an die Viertausender-Marke lediglich heran (3967 m). In den Ostalpen gibt es nur einen einzigen Viertausender, nämlich den Piz Bernina (4049 m) im Süden der Rätischen Alpen (man kann ihn auch separat zur Berninagruppe zählen). Der ein Stück weiter östlich aufragende Ortler bringt es auf eine Höhe von 3905 Metern. Weitere hohe Gipfel der Ostalpen, allesamt um mehr als 1000 Meter weniger weit aufragend als der Mont Blanc, sind Großglockner (3798 m) und Großvenediger (3666 m) in den Hohen Tauern sowie die Marmolada (3343 m) in den Dolomiten. Die höchsten Alpengipfel in Deutschland, die Zugspitze (2962 m), und in Slowenien, der auf dem 50-Cent-Stück des Landes abgebildete Triglav (2863 m), zählen keineswegs zu den höchsten Erhebungen der Alpen.

Die Alpengipfel und vor allem die langen Ketten, in die sie eingebaut sind, beeinflussen das Wetter. Die Riegel sind aber auch der Grund dafür, warum die Querung der Alpen kompliziert ist. Sowohl Süd- als auch Mitteleuropa sind seit Jahrtausenden von Ackerbauern besiedelt, der Süden seit etwa 8000, der Norden seit etwa 7000 Jahren. Vor der Einführung moderner Verkehrsmittel herrschten südlich und nördlich der Alpen immer wieder völlig unterschiedliche kulturelle Verhältnisse. Im Süden entwickelten sich beispielsweise Staatsgebilde mit dauerhaft ortsfesten Siedlungen erheblich früher als im Norden: Am Mittelmeer bestanden staatliche Strukturen bereits einige Jahrhunderte vor Christi Geburt. Die Römer dehnten ihr Reich um

Christi Geburt nach Norden aus und zogen den Limes als Grenze ihres Einzugsbereiches nördlich der Alpen. Im Mittelalter gab es nördlich und südlich der Alpen erstmals eine vergleichbare Kultur mit einer Infrastruktur aus Städten, ländlichen Siedlungen und Verkehrswegen. Unter Kaiser Konrad, im Jahr 1032, gehörten die gesamten Alpen zum Heiligen Römischen Reich deutscher Nation, das sich als Nachfolgestaat des Imperium Romanum verstand. Wichtige Handelsrouten führten über die Alpenpässe.

Im Lauf der Zeit gingen im Alpenraum sieben Staaten aus dem Heiligen Römischen Reich hervor. Die Schweizer Eidgenossenschaft löste sich 1291 vom Reich; die Schweizer wählten damit einen eigenen Weg in die moderne Freiheit. Zuerst gehörten ihr nur wenige Kantone an, später stieg ihre Zahl. Eine weitere Grenze bildete sich im Lauf der Zeit zwischen Frankreich, der Schweiz und deutschen Ländern heraus. Das kleine Fürstentum Liechtenstein wurde 1719 gegründet. Der moderne italienische Staat entstand seit 1861 und dehnte sich nach dem Ersten Weltkrieg weit in die Alpen aus, bis zum Brenner. Durch die Gründung des Deutschen Reiches 1871 wurde eine schon zuvor immer mehr zum Faktum gewordene Trennung zwischen Deutschland und Österreich besiegelt. Nach dem Ersten Weltkrieg verlor das damals aufgelöste Kaiserreich Österreich-Ungarn nicht nur Südtirol an Italien, sondern als weiteres Alpenland auch Slowenien an das damals neu gegründete Jugoslawien, von dem sich Slowenien als jüngster Staat im Alpenraum 1991 trennte. Es gibt noch einen weiteren kleinen Staat, den man zu den Alpenländern zählen kann, und zwar das Fürstentum Monaco an der Mittelmeerküste, dessen Eigenständigkeit bereits im Mittelalter begann.

Die politischen Grenzen der Staaten im Alpenraum sind nicht genau identisch mit den Sprachgrenzen. Deutsch wird in den deutschen und österreichischen Alpen, in Südtirol und in weiteren Sprachinseln in Norditalien und Slowenien, in Liechtenstein sowie in der Deutschschweiz gesprochen, dem größten Teil der Eidgenossenschaft. Französisch spricht man außer in Frankreich auch im Westen der Schweiz (Welschschweiz) und im Aostatal, das zu Italien gehört. Italienisch ist außer in Italien in der Italienischen Schweiz die Amtssprache, zu der der größte Teil des Kantons Tessin und die Bündner Südtäler im Kanton Graubünden gehören: Misox, Bergell und Puschlav. Slowenisch wird nicht nur in Slowenien gesprochen, sondern auch in der Region Friaul-Julisch Venetien in Italien und in Teilen der österreichischen Bundesländer Kärnten und Steiermark. Außerdem gibt es Rätoromanisch, das die Muttersprache vieler Menschen im Schweizer Kanton Graubünden ist, und das damit verwandte Ladinisch, auf das man in Teilen der Südtiroler Dolomiten stößt, außerdem im Fassatal östlich von Bozen, das zum Trentino gehört, und in einigen Orten der Provinz Belluno im Norden Venetiens. Die verschiedenen Sprachen haben sich in den voneinander abgeschiedenen Talschaften der Alpen sehr gut unabhängig voneinander entwickeln können. Heute aber ist die Bewahrung von Sprachen, die nur von wenigen Menschen gesprochen werden, ein großes Problem, Wichtig ist es, Fernseh- und Radioprogramme, Zeitungen, Bücher, auch Kinder- und Schulbücher in der jeweiligen Sprache zu haben, und möglichst müsste man dabei darauf achten, auch die Vielfalt der Meinungen in den Druck- und anderen Presseerzeugnissen zu berücksichtigen. Da stößt man aber an Grenzen des Machbaren.

Sieht man einmal von dem kleinen Liechtenstein ab, so liegen alle Alpenländer nicht ausschließlich in den Alpen. Die Hauptstädte der Länder Schweiz (Bern), Österreich (Wien) und Slowenien (Ljubljana) sind nicht weit vom Rand der Alpen entfernt: Man sieht die Berge von diesen Städten aus. Die Hauptstädte der anderen Länder, Berlin, Paris und Rom, liegen dagegen weit entfernt von den Alpen. Würde man aus allen Alpenregionen einen Staat formen, so wäre er einer der reichsten der Welt. Für die wohlhabende Schweiz und für Liechtenstein gilt dies ohnehin. Der Westen Österreichs, der Süden Deutschlands, der Südosten Frankreichs und der Norden Italiens sind allesamt wirtschaftlich besonders erfolgreiche Regionen, und im ehemaligen Jugoslawien war Slowenien besonders wohlhabend. Dies ist für eine Gebirgsregion sehr bemerkenswert. Natürlich sind die eigentlichen Wirtschaftszentren nicht auf den Gipfeln der Alpen zu finden, sondern im Vorland und in den großen Alpentälern, aber insgesamt ist das Gebirge besonders begehrt und beliebt. Überall sind die Alpen ein Sehnsuchtsziel, und das gilt keineswegs nur für die Bewohner der Länder, die Anteile an den Alpen haben, sondern auch für Besucher aus aller Welt, aus anderen europäischen Ländern ebenso wie für Gäste und Geschäftsleute aus dem Nahen und Fernen Osten, aus den USA und vielen anderen Weltgegenden.

Die Alpen sind das erste Hochgebirge der Welt, das gut erschlossen wurde. Wortbildungen, in denen die Alpen als Begriff vorkommen, bezeichnen allgemeine Charakteristika von Hochgebirgen. Eine alpine Höhenstufe, also eine Gebirgsgegend oberhalb der Waldgrenze, gibt es nicht nur in den Alpen, sondern in jedem Hochgebirge der Welt: Der Himalaja hat ebenso wie die Anden oder die skandinavischen Bergländer eine alpine Zone oder alpine Stufe. Dort wachsen Alpenpflanzen, die sich nicht nur in den Alpen, sondern auch in allen anderen Hochgebirgen der Welt finden. Man fährt in jedem Gebirge, in dem Schnee liegt, auf alpine Weise Ski, also in hohem Tempo Pisten an Abhängen hinunter, und man grenzt dies vom «nordischen» Skilauf, dem Langlauf, ab. In den Alpen wurde also erstmals der Typ des Alpinen festgelegt. Diejenigen Menschen, die allein aus touristischem Interesse in die hoch gelegenen Regionen nicht nur der Alpen, sondern auch anderer Hochgebirge vordringen, ob als Wanderer, Kletterer oder Skifahrer, werden als Alpinisten bezeichnet. Zuerst suchten Touristen, die sich so bezeichneten, die Alpen auf, später auch die anderen alpinen Hochgebirge der Welt.

Gerade weil der Begriff des Alpinen allein Phänomene des Hochgebirges bezeichnet, sollte man ihn auch bewusst so verwenden. Es kann daher keine «alpinen Täler» oder «alpine Städte» geben, sondern nur Alpentäler und Alpenstädte – sie liegen tatsächlich im europäischen Hochgebirge, nicht jedoch in dessen alpiner Region, und es sind keine weltweit auftretenden Phänomene.

Dieser kleine geographische Überblick will nicht mehr leisten als eine erste Orientierung. Weitergehende Fragen werden erst im Fortgang dieses Buches ergründet. Fragen wie: Warum verlaufen die meisten Bergzüge und Täler der Alpen von West nach Ost, aber nicht von Nord nach Süd? Warum verwenden wir den Begriff «die Alpen» als Pluralwort? Wie kam es zur frühen Erschließung des Hochgebirges? Wie kam es zu der besonderen Bedeutung dieses europäischen Hochgebirges?

In dem Überblick nicht enthalten sind auch klare Abgrenzungen zwischen den Alpen und ihrem Umland oder auch vermeintlich klare Abgrenzungen zwischen den einzelnen Gebirgszügen oder Berg und Tal. Man braucht solche Begriffe, um erklären zu können, was man unter den Alpen versteht und aus welchen Teilen das Gebirge besteht. Aber jede Grenze zwischen diesen Landschaften ist nichts anderes als eine Idee, keineswegs etwas physisch klar Fassbares. Eine Sammlung geographischer Namen mag zwar klangvoll sein, aber die wahre Faszination geht von anderen Merkmalen des Gebirges aus. Namen und Begriffe lassen sich in einem landeskundlichen Überblick zusammentragen, aber Leben wird ihnen dadurch eingehaucht, dass man sie in den Zusammenhang zahlreicher Phänomene stellt. Der Raum der Alpen, seine natürliche Ausprägung, seine Umformung durch den Menschen und die Ideen, die Menschen mit der Alpennatur und Alpengestaltung verbanden und bis heute verbinden, sind von ihren geistigen Inhalten her auf vielfache Weise miteinander verwoben. Auf diese Zusammenhänge kommt es vor allem an, nicht aber darauf, ob man die einzelnen Alpenketten benennen kann.

2. Geologie der Alpen

Jahrtausendelang machten sich die Menschen keine Gedanken darüber, wie die Alpen entstanden sind. Sie waren einfach da, man hatte sich mit dem dort vorhandenen Grund und Boden, mit Tälern und Bergen auseinanderzusetzen, und man musste jeden Tag um sein Überleben kämpfen. Das änderte sich im Zeitalter der Aufklärung, an der Wende vom 17. zum 18. Jahrhundert. Damalige Erklärungen für die Entstehung der Berge wiesen aber in die Irre. Man fand Kalkstein mit Versteinerungen, also Überresten von Tieren, in großen Höhen. Kalk setzt sich im Wasser ab, das wusste man wohl. Kein Zweifel bestand darüber, dass es sich bei den Fossilien um Überreste von Meereslebewesen handelte. Wenn Überreste von Meerestieren und Kalkablagerungen in so großer Höhe gefunden werden, muss, so schloss man, der Wasserspiegel auf der Erde einmal viel höher gestanden haben als heute. Vielleicht war es ja die Sintflut des Alten Testaments. die die höchsten Alpenberge überflutete. Bald erschloss man aber, dass die Wassermenge auf unserem Planeten nicht ausreicht, um hohe Alpengipfel zu überdecken.

Klar war aber, dass der Kalk und seine Fossilien am Grund eines Meeres abgelagert worden sein mussten, und zwar eines relativ flachen Meeres, dessen Meeresspiegel auf etwa gleicher Höhe lag wie heute. In der Tiefsee ist das Calciumcarbonat, aus dem der Kalk besteht, wegen des erheblichen Wasserdrucks vollständig gelöst, es kann sich dort keine Kalkschicht am Gewässergrund bilden. Kalk setzte sich nur in einem Meer ab, das allenfalls wenige tausend Meter tief war, meist aber sogar wesentlich flacher. Diese Meere mögen der Nord- und Ostsee geähnelt haben, die tief liegende Teile der europäischen Kontinentalplatte überdecken. In solchen Meeresbecken lagerten sich im Lauf von Jahrtausenden mächtige Pakete von Kalk ab, deren Gewicht die unter ihnen liegenden Sedimentschichten allmählich zusammenpresste und zu Stein werden ließ. Dabei wurde das mit Wasser gefüllte Becken immer flacher und verlandete. Die Versteinerungen, die im Kalkstein gefunden werden, sind also als Überreste von Lebewesen der Flachmeere, nicht der Tiefsee, zu deuten, und ihre Lebensräume gingen allmählich durch Verlandung verloren: Sie starben aus.

Man muss generell mehrere geologische Prozesse voneinander unterscheiden: Nach der Sedimentation kam es zur Entstehung von Stein oder zur Lithogenese. Erst wenn die Ablagerungen aus Stein völlig hart geworden waren, konnten sie in die Höhe gehoben werden, so dass sie zum Gebirge wurden. Man nennt diesen Vorgang Orogenese. Im Fall der Alpen wurden die Berge um mehrere tausend Meter in die Höhe gedrückt. Das Rätsel, warum man Überreste von Meerestieren auf den Alpengipfeln findet, konnte also gelöst werden: Sie waren mit den im Meer abgelagerten und dann verhärteten Gesteinen in große Höhen gelangt.

Die Orogenese der Alpen wurde lange Zeit so erklärt, dass Sedimentation und Lithogenese zunächst in der Tethys, einem großen Meeresbecken zwischen Afrika und Mitteleuropa, stattgefunden hätten. Die abgelagerten Gesteinsmassen in der als Geosynklinale bezeichneten Senke hätten einen derart starken Druck auf den Untergrund ausgeübt, dass es schließlich zu einer Gegenbewegung der Erdoberfläche gekommen sei. Dabei seien schließlich in der Mitte der Senke die Gesteinsschichten so weit in die Höhe gehoben worden, dass daraus die Alpen entstanden. Das Molassemeer als Teil der Tethys, nördlich der Alpen gelegen, sei zugleich verlandet, und das Mittelmeer sei der Überrest der Tethys.

Diese Vorstellung ist insofern überholt, als man von der Vorstellung der Geosynklinale und dem Gegendruck, der zur Bildung der Alpen geführt haben soll, abgekommen ist. Es wurde klar, dass die Drift der Kontinentalschollen, also die Kontinentalverschiebung, als Ursache für die Bildung der Alpen angesehen werden muss.

Bis zum Erdzeitalter der Trias, vor etwa 200 Millionen Jahren, gab es einen Superkontinent Pangaea, der von einem Super-

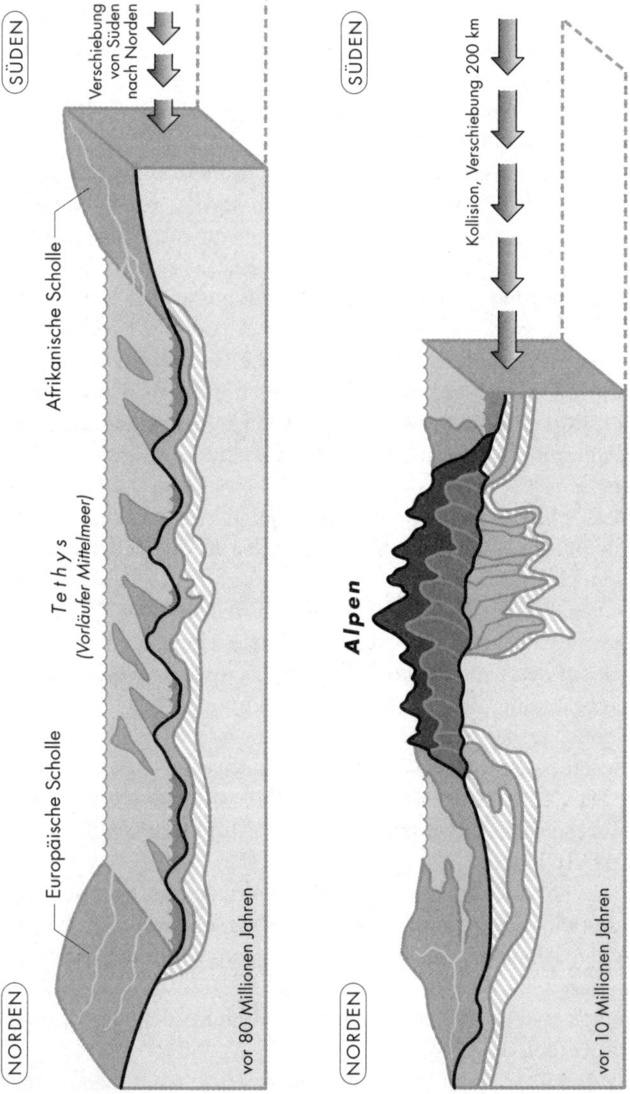

Abb. 1: Entstehung des Faltengebirges Alpen

ozean Panthalassa umgeben war. Pangaea bedeutet wörtlich übersetzt «Allesland» und Panthalassa «Allesmeer». Zu Pangaea gehörten die Oberflächen aller heutigen Kontinente der Erde. Die Landmasse Pangaea umschloss eine große Meeresbucht, die Tethys genannt wird; in der griechischen Mythologie heißt die Schwester des Titanen Okeanos so, und Okeanos war mit Panthalassa gleichzusetzen. Dann begann Pangaea in Einzelteile zu zerbrechen. Und aus Panthalassa wurden mehrere Ozeane, die immer noch eine zusammenhängende Wassermasse bilden, aber sich in einzelne Wasserflächen unterteilen lassen.

Die aus Pangaea hervorgehenden Kontinentalplatten drifteten zeitweise auseinander, dann wieder aufeinander zu. Und dabei lagen sie für Millionen von Jahren im Bereich der Tropen mit einem heißen Klima, zu anderen Zeiten aber in den gemäßigten Zonen mit einem kühleren Klima. Das Leben, das sich auf diesen Kontinenten entwickelte, stand also zeitweise unter dem Einfluss eines wärmeren oder eines kühleren Klimas. Das heißt, dass mal diejenigen Organismen sich besser entwickeln konnten, die an ein kaltes Klima angepasst waren, dann wieder andere, die nur dort existieren können, wo es nie Frost gibt.

Seit dem Ende des Jurazeitalters und dem Beginn der nachfolgenden Kreidezeit, seit etwa 135 Millionen Jahren, bewegt sich die afrikanische Kontinentalplatte auf Europa zu. Es kam zur Kollision, die beiden mächtigen Kontinentalplatten schoben sich übereinander, und dabei bildeten sich die Alpen und die anderen alpidischen Hochgebirge zwischen dem Westen Europas und dem Osten Asiens. Diese Kollision war keineswegs ein plötzlich auftretendes Ereignis wie der Zusammenstoß von zwei Kraftfahrzeugen, sondern nahm einen Zeitraum von mehr als 100 Millionen Jahren ein, und sie ist bis heute nicht abgeschlossen. Die einzelnen Teile des Gebirges, die durch das Übereinanderschieben der Schollen in die Höhe gedrückt wurden, bildeten Höhenzüge entlang der Kollisionsnaht. Deswegen verlaufen die Bergzüge der Alpen von Ost nach West. Besonders weit wurden die zentralen Teile der Alpen in die Höhe gehoben.

Noch immer wachsen die Berge als Folgen der Kollision der Kontinentalschollen jährlich um Millimeterbeträge in die Höhe.

Es kann dabei zu Erdbeben kommen. In einigen alpidischen Gebirgen treten sie häufig auf und richten erhebliche Schäden an, etwa im Himalaja und im Apennin. In den Alpen und ihrer Umgebung kommt es seltener zu Erdbeben, aber auch sie können viele Menschenleben fordern und schwere Zerstörungen anrichten, beispielsweise das Basler Erdbeben von 1356.

Je mehr die Gipfel eines Gebirges in die Höhe geschoben werden, desto stärker ist auch die Erosion, der Abtrag der Berge. Wasser dringt in Gesteinsklüfte ein. Wenn es im Winter zu Eis gefriert, dehnt es sich aus und erweitert die Kluft. Wasser hat bei vier Grad über null seine größte Dichte, beansprucht also am wenigsten Raum. Sowohl bei Erwärmung als auch bei Abkühlung dehnt es sich aus. Sich erwärmendes Wasser kann aus der Gesteinsritze entweichen, das harte Eis aber nicht: Es drückt die angrenzenden Gesteinsmassen auseinander. In Klüften, die durch Einwirkung des Eises entstanden sind, dringen Wurzeln ein. Sie werden im Lauf der Zeit dicker, und dabei sprengen sie die Klüfte weiter auf. Schließlich bricht ein kleiner Stein, manchmal auch ein größerer Felsen oder bei einem Bergsturz sogar ein Teil eines Berges ab, und eine Steinlawine oder Mure donnert zu Tal. Heruntergefallene Steine werden vom Wasser aufgenommen und im fließenden Wasser bewegt. Dabei werden sie rund geschliffen, sie werden zu Kieselsteinen oder Schotter.

All das lässt sich in den Alpen beobachten: Ihre Aufwölbung fand also zur gleichen Zeit statt wie der Abtrag der Gesteinsschichten, und es ist schwer zu sagen, ob zu bestimmten Zeiten die Aufwölbung oder der Abtrag des Gebirges einen größeren Umfang hatte. Je weiter ein Gebirgsstock in die Höhe gehoben wird, desto stärker wirkt die Erosion ein. Da die Zentralalpen besonders weit in die Höhe gehoben wurden, sind deckende Kalkschichten aus der Jura- und Kreidezeit dort bereits abgetragen, während sie in den nördlichen und südlichen Kalkalpen noch vorhanden sind.

In den Kalkgebirgen kommt es noch zu einer weiteren Form von Erosion, die damit zusammenhängt, dass Kalk und Kreide sich ganz allmählich in Wasser auflösen. Dann verkarsten Gebirge. Unter besonderen Bedingungen, vielleicht als der Unter-

Abb. 2: Verkarstete Kalksteinwand am Pragelpass zwischen den Schweizer Kantonen Schwyz und Glarus

grund gefroren war und Wasser lange an der Oberfläche stehen blieb, bildeten sich Karren oder Schratten. Diese kleinen Eintiefungen liegen dicht an dicht nebeneinander. Oder es sind große Einbruchstrichter entstanden, die Dolinen. Der Abtrag von Kalk in Karstgebieten der Alpen nahm an einigen Stellen große Ausmaße an. An der Zugspitze, im Grenzgebiet zwischen Deutschland und Österreich, und im Muotatal in der Schweiz werden bis zu zehn Zentimeter Kalk pro Jahrtausend durch Karsterscheinungen abgetragen. Das Wasser versickert in Gesteinsklüften und sammelt sich im Untergrund, und zwar oft über einer Schicht, die keinen Kalk enthält und wasserundurchlässig ist. Dort bilden sich unterirdische Abflusswege von Wasser, die sich zu Höhlen erweitern. Besonders bekannt sind das Hölloch im Muotatal, die Dachsteinhöhlen oder die Eisriesenhöhle im österreichischen Tennengebirge. Wo Wasser in Höhlen eindringt, bilden sich Tropfsteine. Das Wasser kühlt nämlich in der Höhle ab und löst nicht mehr so viel Kalk; er fällt aus und wird zum Sinterkalk der Tropfsteine. Das Wasser fließt unterirdisch bis zum Rand des Berges, in dem es versickert ist. In einer kräftigen Karstquelle tritt es wieder an die Erdoberfläche; eine solche Quelle bezeichnet man auch als Quelltopf. Aus solchen stark schüttenden Quellen werden Millionen von Menschen im Alpenraum mit Wasser versorgt. Wasserleitungen reichen von den Quellen aus beispielsweise nach Wien und München. Das Wasser dieser Städte ist begreiflicherweise reich an Kalk, man spricht auch von einer großen Wasserhärte. Kalk bleibt in Kochtöpfen oder auch in elektrischen Geräten zurück, etwa in Waschmaschinen, und man muss dem Waschmittel ein Entkalkungsmittel zusetzen.

Etwas leichter als Kalk löst sich Gips im Wasser. Gipskarstgebiete sind daher besonders stark verkarstet; das ist zum Beispiel am Col de la Croix (1750 m) in den Berner Alpen der Fall. Schlechter löslich in Wasser ist dagegen der Dolomit, denn er enthält nicht nur Kalzium wie der Kalkstein, sondern auch Magnesium. Das Gestein und dessen Unterschied zum Kalk wurde übrigens von dem französischen Geologen Déodat Gratet de Dolomieu (1750–1801) entdeckt. Nicht nur das Gestein wurde nach ihm benannt, sondern auch der Bergzug der Alpen, in dem er es gefunden hatte. Die Dolomiten erhielten erstaunlicherweise erst damals ihren heute so populären Namen. Zuvor hatte man sie als «Bleiche Berge» oder «Monti pallidi» bezeichnet.

Die hellen Dolomitfelsen des Gebirgszuges sind für das Phänomen des Alpenglühens bekannt. Im Schein der auf- oder untergehenden Sonne, deren Strahlen noch nicht oder nicht mehr in die Täler vordringen, leuchten die Felsen auf. Besonders bekannt für dieses Phänomen ist der Rosengarten. Obwohl der Name des Berges nicht auf das Alpenglühen, sondern auf «ruza», die Bezeichnung für eine Geröllhalde, zurückgehen soll, werden zahlreiche Geschichten über den sagenhaften Zwergenkönig Laurin und seinen Rosengarten erzählt. Laurin soll den Berg unsichtbar gemacht haben. Nur in der Dämmerung erscheint er: in voller Pracht.

Die Gestalt der Alpen veränderte sich im geologischen Zeitalter des Quartärs, in den vergangenen etwa 2,7 Millionen Jahren, noch einmal. In dieser Zeit kühlte das Klima mehrfach erheblich ab; die Jahresmitteltemperaturen sanken um mehrere

Grad. Nach einer Kaltzeit stiegen die Temperaturen wieder auf ein ungefähr dem heutigen Klima vergleichbares Niveau. Warum es zu diesen Temperaturschwankungen kam, ist weitgehend unbekannt. Man weiß, dass es zu Veränderungen in der Stellung der Erdachse gekommen ist, aber dies allein kann nicht die Ursache für die Klimaschwankungen im Eiszeitalter gewesen sein. Vielleicht wirkten sich Veränderungen von Meeresströmungen, die unter anderem durch die Bewegungen der Kontinentalmassen ausgelöst worden sein können, auf die Klimageschichte aus. Auch die Trennung von Luftmassen über dem nördlichen und dem südlichen Eurasien durch die Aufwölbung der alpidischen Gebirge wird als Ursache für die Klimaschwankungen des Eiszeitalters in Erwägung gezogen.

Unbekannt ist auch, wie viele Eiszeiten es gegeben hat. Die Alpen gehören zu denjenigen Gebieten, in denen man die Phänomene der Vereisungen zu untersuchen begonnen hat. Daher haben bekannte Eiszeiten, deren Spuren man im Alpenraum gefunden hat, Namen nach süddeutschen Flüssen erhalten. Sie heißen Donau-, Günz-, Mindel-, Riss- und Würmeiszeit oder -glazial. Die Spuren der jüngeren Eiszeiten, besonders die der Würmeiszeit, sind am deutlichsten zu erkennen, die der älteren Eiszeiten dagegen nur undeutlich. In der Donaueiszeit dehnten sich die Gletscher besonders weit aus, in der Reihe der hier aufgeführten Eiszeiten nahm die Gletscherausdehnung immer weiter ab. Man weiß aber, dass es nicht nur diese fünf Eiszeiten gegeben hat, sondern erheblich mehr; vielleicht waren es etwa dreißig, um eine Größenordnung anzugeben. Und vielleicht wurden ältere Gletscherspuren, die von jüngeren Eismassen überfahren wurden, durch sie unsichtbar gemacht.

Zu einer Eiszeit kam es, wenn Eismassen, die sich in den Wintern bildeten, in den nachfolgenden Sommern nicht mehr abschmolzen und sich dadurch Jahr für Jahr ein Stück weit ausdehnten. Die Initialen der Gletscher lagen dabei oft in einem Kar am schattigen Nordhang eines Berges. Schneemassen, die über den Berggipfel geweht wurden, fielen am Nordhang herab und wandelten sich dort zu Eis. Weil immer wieder neue Eismassen nachgeliefert wurden, dehnte sich der Gletscher aus.

Abb. 3: Steingletscher am Sustenpass in der Schweiz. Im Hintergrund der Gletscher, davor in einem Wildfluss abfließendes Schmelzwasser, das sich in einem Gletschersee sammelt, der von Moränen gestaut wird.

Das schwere und scharfkantige Eis trug bei seiner Bewegung das Gestein unter sich ab, so dass bereits vorhandene Täler weiter eingetieft wurden und neue Senken entstanden. Auch an den Seiten der Täler hobelten die Eismassen Gestein ab. Die Steine, oft auch Felsen von erheblicher Größe, wurden in die Eismassen aufgenommen.

Wenn die Eiszeit lange genug andauerte, verließen die Gletscher den Alpenraum und dehnten sich ins Umland aus, im Norden weiter als im Süden, wo die Sonne die Eismassen stärker beschien und sie früher tauen ließ. Mit dem Eis wurden die abgetragenen Gesteinsmassen aus den Bergen in ihr Umland getragen und dabei zermahlen, so dass sie zerbrochen und abgerundet wurden.

Nahm die Temperatur wieder zu, bewegte sich der Gletscher nicht mehr weiter und taute ab: an seinen Fronten ebenso wie an der Oberfläche des Eises. Es bildeten sich genauso wie in einem heutigen Gletscher Gletscherspalten, durch die das Schmelzwasser im Untergrund versickerte und am Rand des

Gletschers durch ein Gletschertor wieder zum Vorschein kam. Das mitgeführte Gestein aus dem Gletscher, das man bezeichnenderweise «Geschiebe» nennt, blieb dort liegen, wo das Eis getaut war. Wenn es wieder kältere Temperaturen gab, bildete sich auch erneut Eis, so dass der Gletscher wieder vorrücken konnte. Er schob dann die zuvor aus dem Eis herausgetauten Steine wie ein Bulldozer zu einem Wall zusammen, der an der Gletscherfront liegen blieb, wenn es wieder wärmer wurde und die Schubkraft der Eismassen erlahmte. Man nennt einen solchen Wall Endmoräne oder auch Stauchendmoräne. An den Seiten der Gletscher blieben ebenfalls Wälle von mitgeführtem Schutt liegen, die Seitenmoränen. Und auch an seinem Grund lagerte der Gletscher Geschiebe ab. Daraus wurden Grundmoränen, aus denen beim erneuten Vorrücken des Eises weitere Endmoränen werden konnten.

Endmoränen wirkten wie Staumauern, hinter denen sich Wassermassen ansammeln konnten. Sie bildeten sogenannte Zungenbeckenseen. Im Norden entstanden sie ein Stück weit abgesetzt vom Alpenrand. Zu ihnen gehören die Seen im Salzburger Land ebenso wie die oberbayerischen Seen, von denen der Starnberger See besonders schön ausgebildet ist. Er wurde früher als Würmsee bezeichnet und für die letzte Eiszeit, die Würmeiszeit, als besonders typisch angesehen. Weitere Zungenbeckenseen am Alpennordrand sind der Bodensee, der im Nordwesten zwei Zungenbecken ausfüllt, sowie zahlreiche Schweizer Seen wie der Zürichsee und der Genfer See. Im Süden der Alpen findet man die Zungenbeckenseen noch innerhalb des Gebirges, weil dort die Gletscher kaum über den Alpenrand hinausreichten. Sehr schöne Endmoränen kann man nördlich von Verona sehen; der Zungenbeckensee ist hier der Gardasee, der noch ein Stück weiter nördlich aufgestaut wurde. Auch der Comer See, der Luganer See, der Lago Maggiore und viele kleinere Seen sind in Zungenbecken entstanden – ebenso wie die Seen in Kärnten, beispielsweise der nach dem ursprünglich auf einem Eiland gelegenen Maria Wörth benannte Wörthersee (ein «Wörth» ist eine andere Bezeichnung für eine Insel).

Einige Zungenbeckenseen, zum Beispiel der sogenannte Wolfratshauser See, sind nach der Eiszeit ausgelaufen, weil die ursprünglich stauende Endmoräne zerstört wurde. Andere sind ganz oder teilweise verlandet, so dass sich Moore mit Ablagerungen aus Torf bildeten. Zu ihnen gehört beispielsweise das Murnauer Moos, heute das größte gut erhaltene Moor in Deutschland. Moos ist dabei eine im süddeutschen Sprachraum verbreitete Bezeichnung für ein Hochmoor, das über einem Ried oder Niedermoor in die Höhe wuchs, weil im dauernd feuchten Milieu organische Substanz, die vor allem aus abgestorbenen Pflanzenteilen hervorging, nicht abgebaut wurde.

Alle diese deutlich sichtbaren Landschaftsformen wurden in der letzten Eiszeit gebildet, der Würmeiszeit. Die Moränen und Zungenbeckenseen früherer Eiszeiten sind dagegen inzwischen weitgehend eingeebnet worden, vor allem durch die kalten Winde der nachfolgenden kalten Klimaphasen, als die Flächen in der Umgebung des Eises von Vegetation weitgehend entblößt waren und Regen, Schnee und Schmelzwasser den Boden an der Erdoberfläche abtrugen.

Genauso wie das Umland wurden die Alpen selbst durch die Wirkung des Eises erheblich verändert. Diese Landschaftsveränderungen kamen aber erst später zum Vorschein, als sich in einer beginnenden Warmzeit die Gletscher auch innerhalb des Gebirges zurückbildeten. Dabei muss darauf hingewiesen werden, dass die Gletscher sich nicht zurückzogen, es gibt also keinen Gletscherrückzug oder auch Rückzugstadien der Gletscher, wovon immer wieder fälschlicherweise gesprochen wird. Denn Eismassen können nur vorrücken und abtauen, sich zurückziehen können sie nicht. Heutige Gletscher oder Ferner der Alpen kann man als Überreste eiszeitlicher Eismassen auffassen. Die meisten von ihnen haben sich unter dem Einfluss der hohen Temperaturen der letzten Jahrzehnte immer weiter zurückgebildet, und einige von ihnen werden in nächster Zeit vollständig verschwinden, wenn die Temperaturen nicht wieder sinken.

In den Alpen entstanden unter dem Einfluss der Eismassen sogenannte Trogtäler oder U-Täler mit einem breiten Talboden und sehr steilen Seitenhängen. Es gibt vom Gletscher geformte Haupttäler und Nebentäler, deren Ausgänge aber oft nicht

Abb. 4: Das Ötztal, ein von Gletschern geformtes Trogtal mit breitem Talboden und steilen Talhängen. Der Gletscher reichte bis zur Trogschulter, von der aus das Gelände weniger stark ansteigt.

gleich tief in den Untergrund geschürft wurden wie die breiten Zugbahnen der Hauptgletscher. Die Nebentäler enden dann an der Talschulter des Haupttales als sogenannte Hängetäler. Aus ihnen erreicht das heute abfließende Wasser das Haupttal in vielen Fällen als ein Wasserfall.

Oberhalb der Trogtäler befinden sich einerseits Gebiete, von denen die Gletscher ihren Ausgang nahmen, andererseits aber auch Gegenden, die niemals vereist waren. Sie sahen dann wie Inseln im Eis aus. Mit einem Wort aus der Sprache der Eskimos, die solche Bereiche aus ihrer aktuellen Umwelt kennen, wird eine vom Eis umgebene Insel Nunatak genannt; der Plural dazu ist Nunatakker. Im Bereich der Kalkalpen konnte aus den Nunatakkern während der Eiszeiten kein Wasser in den Untergrund abfließen, weil der Boden gefroren war. Die Vereisung des Bodens hielt nach dem Ende der Eiszeit noch lange an, zum Teil reicht sie bis heute. Beim Bau der Zugspitzbahn hat man herausgefunden, dass die Zugspitze immer noch von Eis zusammengehalten wird. Würde dieses Eis auftauen, könnte dadurch ein gewaltiger Bergsturz ausgelöst werden, vergleichbar dem sogenannten Eibsee-Bergsturz, bei dem vor 3400 bis 3700 Jahren riesige Felsen in den nördlich der Zugspitze gelegenen Eibsee gefallen waren. Vielleicht sind auch die schon erwähnten Karrenfelder der Karstregionen über gefrorenem, aber vom Schnee befreitem Boden entstanden.

Auf die Wirkung der Gletscher gehen also weitere Charakteristika der Landschaftsgliederung in den Alpen zurück: Die Talböden sind relativ eben und breit, an ihren Seiten ragen steile Hänge auf. Oberhalb von sogenannten Hangschultern ist das Gelände vielerorts weniger stark geneigt. Dort befanden sich während der Eiszeit Nunatakregionen mit einer zum Teil hügelig wirkenden Oberfläche, aus der aber die felsigen Spitzen der Alpenberge hervorragten.

Vor allem bei der Schneeschmelze, aber auch nach starken Regenfällen, sammelt sich auf den Höhen der Alpen eine große Menge an Wasser, das über Wasserfälle und enge Schluchten zu Tal stürzt. Diese Schluchten, die oft erst nach der letzten Eiszeit entstanden, haben eine völlig andere Form als die U-förmigen Trogtäler: Sie sind tief eingeschnittene Kerbtäler, die man nach ihrer Form auch V-Täler nennt. Die großen Wassermassen können erhebliche Mengen an Gestein bewegen, die sich am Ausgang der Kerbtäler, am Rand der Trogtäler, in einem Schwemmfächer sammeln können. In einem Schwemmfächer ist das Gestein nur locker gepackt. Es kann vom Fluss, der sich am Grund eines Trogtales bildet, mitgerissen werden. An vielen Stellen, an denen sich einst Schwemmfächer bildeten, kann es erneut zur Bildung einer Steinlawine oder Mure mit erheblicher Zerstörungskraft kommen. Oft schnitten sich Kerbtäler in die Hängetäler am Rand einer Hauptzugbahn eines Gletschers ein, so dass diese Täler oberwärts eine Trogform haben, unterwärts aber tief in den Untergrund eingekerbt sind.

Flüsse in den Trogtälern führen zur Zeit der Schneeschmelze ebenfalls viel Wasser. Es füllt dann den Talboden weitgehend aus; am Ende der Eiszeit, als auch die Gletscher abschmolzen, führten die Flüsse mehr Wasser als heute. Sie veränderten immer wieder ihren Lauf und hinterließen weiträumige Ablagerungen

Abb. 5: Die Tiefenbachklamm bei Kramsach in Tirol ist ein Kerbtal, das unter der Wirkung von Wasser geformt wurde.

von Schotter, den sie immer wieder an anderer Stelle erneut durchflossen. Man bezeichnet einen solchen Fluss als Wildfluss oder auch – in internationaler Terminologie – als *braided river*, was wörtlich übersetzt «ausgebreiteter Fluss» bedeutet. Die Schotterfläche mit den sich darauf immer wieder verändernden Flussläufen bezeichnet man als «Gries». Die meisten Alpenflüsse wurden so reguliert, dass sie ihren Wildflusscharakter weitgehend verloren. Gut erhalten sind ursprüngliche Teile der Flussläufe des Tagliamento in Norditalien und der Durance in den französischen Alpen, aber auch Teile der Rhône oder der oberen Isar.

Seitlich der Schotterbänke sammelten sich mit der Zeit feinkörnigere Ablagerungen an, die von den Seiten an die Griese herangespült wurden oder die seitlich davon fließende Flussarme an diesen strömungsberuhigten Stellen deponierten. Die Wassermassen flossen zu langsam, um Schotter zu transportieren, führten aber sandige und tonige Elemente mit sich, die dort liegen blieben, wo die Kraft der Strömung weiter erlahmte. An manchen Stellen im Alpengebiet bildeten sich mit der Zeit an den Böden der Trogtäler Ebenen heraus, etwa im Wallis an der Rhône, am Alpenrhein im Grenzgebiet zwischen der Schweiz und Österreich oder im Etschtal in Südtirol und im Trentino. Ebenen entstanden auch vor den Endmoränen, wo auf großen Flächen Schmelzwasser abfloss. Man kann sie als «Sander» bezeichnen. Auf ihnen wurde aber kein Sand abgelagert, sondern gröberer Schotter. Die stärkere Strömung nahm ihn zunächst mit sich, ließ ihn dann aber liegen, als sie erlahmte. Eine solche Ebene ist beispielsweise die Münchner Schotterebene nördlich der Endmoränenbögen der Gletscher, die die Becken von Ammersee und Starnberger See aushobelten.

Landschaftsformen der Alpen, die bereits vor den Eiszeiten entstanden waren, also die von Ost nach West reichenden Bergzüge und die in gleicher Richtung verlaufenden Senken, wurden im Eiszeitalter also weiter überformt, so dass sie heute in besonders charakteristischer Weise genutzt werden können. Von den Formungen der Landschaft hängt ab, wo Siedlungen angelegt werden konnten, wo man Ackerflächen schuf und wo man die Tiere auf die Weide schickte. Auch der Wald bekam seinen charakteristischen Platz in der Landschaft zugewiesen. Einige Bereiche ließen sich überhaupt nicht nutzen, weil der dortige Boden zu flachgründig war oder Fels an der Erdoberfläche zu Tage trat.

3. Vegetation der Alpen

Die Eiszeiten veränderten nicht nur die zu Stein gewordene Oberfläche der Alpen, sondern auch deren Vegetation von Grund auf. Und nicht nur das: Die von Ost nach West verlaufenden Gebirgszüge der Alpen wirkten wie eine Barriere auf die Pflanzenwelt Europas. Eine von den Klimaschwankungen beeinflusste Ausbreitung einzelner Pflanzenarten nach Süden oder Norden wurde stark behindert oder gar unmöglich gemacht.

In jeder Eiszeit starben sämtliche Bäume nördlich der Alpen ab. Manche mögen unter der Schneelast zusammengebrochen sein. Vor allem aber kamen die Bäume auf dem sich ausbreitenden Dauerfrostboden nicht mehr an Wasser heran. Sie erfroren nicht, sondern vertrockneten. Sogenannte Frosttrocknis war der entscheidende Grund für das Absterben der Gehölze. Frisch ausgetriebene Blätter wurden vom Spätfrost zerstört. Früchte und Samen wurden in den kurzen Sommern nicht reif. Selbst südlich der Alpen war es so kalt, dass die meisten Wälder verschwanden. Nur in kleinen, geschützten Regionen, den sogenannten Eiszeitrefugien, direkt am Mittelmeer gelegen, konnten sich Bäume halten. Denn das Mittelmeer fror nicht zu, und sein Wasser behielt auch in Kaltphasen ganzjährig eine Temperatur von etwas über null Grad. Dadurch wurde der Frost in der Umgebung gemildert. Der Wasserspiegel des Mittelmeers sank in einer Eiszeit aber genauso wie in anderen Weltmeeren um über einhundert Meter ab, weil auf der gesamten Erde sehr viel Wasser im Eis gebunden wurde. Die sogenannten Eiszeitrefugien der europäischen Bäume lagen daher mutmaßlich an heute überfluteten Stellen.

Abgesehen von den kleinen Eiszeitrefugien breitete sich in den meisten Teilen Europas offenes Land mit spärlicher Vegetation aus. Zwischen den aus arktischen Gegenden und den Alpen vorrückenden Gletschern sowie südlich davon hielten sich nur solche Pflanzen, die in den kurzen Sommern blühen und fruchten sowie ihre Samen verbreiten konnten.

Wenn eine Eiszeit zu Ende ging, die Temperaturen anstiegen und die Eismassen abtauten, herrschten bald nicht nur südlich, sondern auch nördlich der Alpen wieder gute Wachstumsbedingungen für Bäume. Von den einzelnen Pflanzenarten hatten in den Eiszeitrefugien aber nur einige wenige Individuen überdauert. In wenigen Pflanzen, die zu einer Art gehören, gibt es auch nur eine geringe Vielfalt an genetischem Material. Die meisten Pflanzen, die sich aus wenigen Individuen entwickeln, ähneln sich genetisch sehr stark. Ihre Art ist genetisch verarmt. Zu ihnen zählende Individuen können nur an wenigen Standorten überdauern. Man spricht davon, dass sie einen «genetischen Flaschenhals» passiert haben – in einer Zeit, als die Arten insgesamt nur aus wenigen Individuen bestanden.

Wenn sich Baumarten von Süd- nach Nordeuropa ausbreiteten, mussten sie auf verschiedenen Standorten gedeihen können. Das gelang bei vielen Baumarten vor allem im Alpenraum nicht mehr. Es gab dort genauso wie heute trockene und nasse, sehr warme und kalte Wuchsorte, auf denen sich viele Baumarten nicht etablieren konnten. Ihre Ausbreitung kam also ins Stocken. Vielen von ihnen gelang eine Vergrößerung ihres Wuchsgebietes nur dann, wenn sie sich über die relativ engen Korridore westlich oder östlich der Alpen nach Norden ausbreiteten.

Vor den Eiszeiten war die Vegetation Europas genauso artenreich gewesen wie diejenige im Osten Asiens, im Gebiet rings um den Kaukasus oder in Nordamerika, wo ein vergleichbares gemäßigtes Klima herrschte. In Ostasien, manchenorts in Südosteuropa und in Vorderasien sowie in Nordamerika konnten sich die Baumarten nach einer Eiszeit leichter wieder nach Norden ausbreiten, weil ihnen dort nicht wie in Europa die Alpen als eine unüberwindliche Wand im Weg standen. Dort erstrecken sich die Gebirge von Süd nach Nord; an ihren West- oder Osthängen konnten die einzelnen Baumarten viel leichter ihre Wuchsgebiete vergrößern, wenn die klimatischen Bedingungen dies erlaubten. Daher ist die Anzahl der Baumarten in Nordamerika, im Nahen Osten und Ostasien immer noch nahezu genauso groß wie vor dem Eiszeitalter, während in Europa nur noch wenige Baumarten vorkommen. Die europäische Waldvegetation wurde Eiszeit für Eiszeit ärmer an Baumarten.

Schirmtanne und Mammutbaum waren schon nach frühen Eisvorstößen in Europa nicht mehr vorhanden, die Schirmtanne wächst aber bis heute in Ostasien, der Mammutbaum in Nordamerika. Die Rosskastanie war ebenfalls schon früh aus Mitteleuropa verschwunden, wuchs aber weiterhin auf dem Balkan. Amberbäume und Flügelnussbäume hielten sich in Nordamerika und Ostasien, nicht aber in Europa. Es verschwanden die Zelkoven, die es heute noch in Ostasien gibt; nur in sehr begrenzten Arealen lassen sich als Relikte bezeichnete Populationen in Süd- und Südosteuropa finden. Nach und nach gelang auch dem Tulpenbaum und der Magnolie, später der Esskastanie, der Walnuss oder der Hopfenbuche die Ausbreitung ins Gebiet nördlich der Alpen nicht mehr. Noch später verschwand der Zürgelbaum. Die genetische Vielfalt etlicher dieser Baumarten war so stark eingeschränkt, dass sie sich auch in ihren eiszeitlichen Refugialgebieten am Mittelmeer und in deren Umgebung nicht mehr halten konnten. Nach einer Eiszeit stieg der Wasserstand des Mittelmeeres so weit an, dass die Standorte der Refugien überflutet wurden. Blieben die Früchte der Bäume aber nicht an geeigneten Wuchsorten in der Nähe liegen und keimten dort, starben die Pflanzenarten auch am Mittelmeer aus. Typisch für diese Gegend ist ja, dass vielerorts Gebirgsregionen direkt bis zum Meer reichen, so dass die Wuchsgebiete wärmeliebender Pflanzen stark begrenzt sind, es sei denn, der Mensch drängt die vitaleren Waldbaumarten zurück, wie es in vielen Landstrichen am Mittelmeer in den letzten zwei bis drei Jahrtausenden geschehen ist.

Kurz und gut: Einerseits gab es am Mittelmeer nur sehr begrenzte Gebiete, in denen Bäume nicht durch die eiszeitliche Kälte zerstört wurden. Andererseits verhinderte die Lage der Alpen, dass sich viele Baumarten von Süden nach Norden ausbreiten konnten. Deshalb verarmte die Flora Europas zusehends. Heute ist es ein Problem, dass in den Wäldern weiter

Teile Europas eine einzige Baumart dominiert oder doch nur ganz wenige Baumarten vorkommen. Diese Wälder sind besonders anfällig gegenüber Schädlingsbefall. Wo eine Pflanzenart vorherrscht, können sich nämlich auch die Insekten stark vermehren, die diese Pflanzenart befallen. Es gibt viele sogenannte monophage Insektenarten, die sich nur von einer einzigen Pflanzenart ernähren. Man meint zwar oft, dass die Artenarmut europäischer Wälder vom Menschen verursacht wurde; das ist aber nicht der Fall, sondern diese ungünstige Eigenschaft der Wälder geht auf das Zusammenwirken von Vegetationsgeschichte und Topographie zurück.

Jene Baumarten, die sich natürlicherweise am Ende der Eiszeiten nicht wieder nach Norden ausbreiten konnten, kann man heute problemlos in weiten Teilen Europas anpflanzen. Sie gedeihen dort prächtig, was auch kein Wunder ist, weil nahe mit ihnen verwandte Individuen ja ehemals in Europa vorkamen. Aus physiologischen Gründen wachsen sie dort auch heute, konnten sich aber wegen der Eigenheiten des Geländes nicht auf natürlichen Wegen dorthin ausbreiten.

In der letzten Eiszeit, der nach dem Starnberger oder Würmsee benannten Würmeiszeit, sah es in den Alpen ähnlich aus wie in den vorangegangenen Kaltphasen. Von den Karen, die vor allem an den schattigen Nord- und Nordosthängen der Berggipfel ausgebildet waren, nahmen die Gletscher ihren Ausgang, die die Trogtäler ausfüllten und sich bis ins Umland der Alpen erstreckten. Aber die Alpen waren nicht insgesamt dauerhaft von Eis und Schnee bedeckt. An manchen Stellen taute der Schnee in kurzen Sommern regelmäßig ab, und der durch Frosteinwirkung aufgelockerte Boden war der Sonne exponiert. Selbst in den kalten Phasen der Eiszeit stiegen dort die Temperaturen an mehreren aufeinanderfolgenden Sommertagen für einige Stunden erheblich an, so dass auch innerhalb der alpinen Eiswüste Pflanzen gedeihen konnten. Einige von ihnen gehörten zu Arten, die auch in den weiten Offenländern europäischer Ebenen und Mittelgebirge vorkamen.

In den Hochlagen der Alpen wuchsen sie in Nunatakregionen – Landinseln, die vom ewigen Eis umgeben waren. Nunatakker könnten beispielsweise der Monte Baldo östlich des Gardasees und der Mont Cenis in den Grajischen Alpen im Westen des Gebirgszuges gewesen sein. In beiden Gebieten kommen Pflanzenarten mit auch heute noch sehr kleinen Verbreitungsgebieten vor, etwa die Kernerische Schmuckblume, ein seltenes Hahnenfußgewächs, und ein nach seinem Wuchsort benanntes Gipskraut am Monte Baldo. Oder besondere Rassen der Alpen-Küchenschelle und die Berardie im Gebiet des Mont Cenis. Die am Gardasee erstmals entdeckte Monte-Baldo-Segge oder die Mont-Cenis-Glockenblume mögen zwar ursprünglich in Nunatakregionen gewachsen sein, kommen aber heute auch andernorts vor. Andere Gewächse der Nunatakker waren in den Offenländern außerhalb des vergletscherten Gebietes ebenfalls verbreitet. Heute sind sie noch in arktischen Gebieten Nordeuropas und in den Alpen anzutreffen, in den Gegenden zwischen den Alpen und Skandinavien aber verdrängt worden, weil sich dort später Schatten spendende Bäume ausbreiteten. Solche Pflanzen werden heute als «arktisch-alpin verbreitet» bezeichnet. Zu ihnen gehören die Silberwurz, ein Rosengewächs mit acht Blütenblättern, oder die Zwergbirke, die zwar einen verholzten Spross hat, aber kaum höher wird als die Kräuter in ihrer Umgebung.

Als vor 18 000 Jahren die Temperaturen zu steigen begannen, dehnten sich die Gletscher nicht mehr weiter aus. Sie fingen an zu zerfallen. Zwischen den Eismassen blieb seltener Schnee liegen, und er schmolz rascher, so dass die Sonne länger auf die Hochflächen scheinen konnte. Die Pflanzen, die dort schon während der kalten Zeiten vorgekommen waren, konnten nun besser wachsen und vermehrten sich. Vor allem Zwergsträucher profitierten vom günstigeren Klima, denn sie erhielten nun für längere Zeit im Jahr Wasser aus dem Untergrund. Die Zeit, in der es zu Eis gefror, nahm immer weiter ab. Zwergbirken, Wacholder, Sanddorn und strauchförmige Weiden vermehrten sich.

Vor etwa 13 000 Jahren wuchsen erstmals nach dem Maximum der Gletscherverbreitung wieder Bäume in den Alpen. Darunter waren vor allem Kiefern und Birken, deren Früchte weit flogen und nur an geeigneten Stellen hängen bleiben mussten, um keimen zu können. Die klimatischen Bedingungen dafür waren günstig, vor allem an den warmen Südhängen, wo es nur noch selten und nur für kurze Zeit Schnee gab. Auch auf offenen Kiesbänken der Täler setzte sich die Saat von Kiefern und Birken fest. Dort wurden die Schwankungen der Wasserstände in den Wildflüssen geringer, an strömungsberuhigten Stellen blieb auch feineres Erdmaterial liegen, das sich als Saatbett eignete. Viele Bäume wurden bei nachfolgenden Hochwasserereignissen wieder davongerissen. Andere aber blieben stehen und stabilisierten die Inseln.

Wenig später setzten sich Lärchen und Arven, die auch als Zirben oder Zirbelkiefern bekannt sind, in hohen Lagen der Alpen fest, zuerst in den Süd-, später auch in den Zentralalpen. Möglicherweise gelang es ihnen deshalb, sich in den Hochlagen auszubreiten, weil dort ehemals Nunatakker gelegen waren, wo sich niedrige Vegetation schon gut etabliert und die Böden unter sich gelockert und entwickelt hatten.

Alle diese Nadelwälder und auch die birkenreichen Gehölze bildeten keine dichten Bestände, sondern ähnelten eher lichten Hainen, so dass viele der Kräuter, die zuvor im offenen Land gewachsen waren, nun auch weiterhin in diesen lichten Nadelwäldern gediehen. Immer wieder mögen Kiefernwälder auch gebrannt haben; sie sind die einzigen Gehölze in Mitteleuropa, die sich leicht entflammen können. Nach einem Brand waren wieder mehr Freiflächen vorhanden, an denen sich Gewächse des Offenlandes ausbreiten konnten, ehe Birken und dann auch Kiefern wieder häufiger wurden.

Kiefer und Birke wurden zwar später dort verdrängt, wo andere Baumarten besser wachsen konnten, aber dort, wo heute noch lichte Kiefernwälder vorhanden sind, beispielsweise Schneeheide-Kiefernwälder, mögen sie noch sehr ähnlich aussehen wie vor mehr als 10 000 Jahren. Auch die lichten Haine aus Lärchen und Arven in den Hochlagen der Alpen dürften noch ein ähnliches Bild bieten wie zur Zeit ihrer Entstehung vor Tausenden von Jahren.

Die ersten Laubbäume erschienen vor etwas mehr als 10 000 Jahren am Alpensüdrand und in den Tälern der Südalpen. Unter ihnen waren Eichen, Ulmen, Linden und Eschen, die an vielen Stellen besser wuchsen als Kiefern und Birken, nicht aber an den trockensten Südhängen und auf den Griesen, den Schotterbänken der Flüsse. Es war wohl die Bergulme, die sich in den engen Schluchten ansiedelte, gemeinsam mit Linden, Eschen und Bergahorn. Nicht vordringen konnten die Laubbaumarten in die bereits von Lärchen und Arven besetzten Hochlagen.

Von Osten her wurden wenig später die Fichten häufiger. Sie konnten in vielen Hochlagen besser wachsen als die zuvor dort häufigeren Laubbäume, denn als immergrüne Gewächse konnten sie zu jeder Jahreszeit Fotosynthese betreiben, vorausgesetzt, der Boden war nicht gefroren, so dass Wasser in den Kronenraum der Fichten gelangte, wenn es dort gebraucht wurde. Das Gleiche galt für die Weißtannen, die sich seit etwa 8000 Jahren vor allem von Westen her in das Alpengebiet ausbreiteten. Diese beiden Nadelbaumarten führen bis heute zu einem wichtigen Unterschied der Wälder in den West- und Ostalpen. Im Westen sind die Wälder tannenreich, in den französischen Alpen gibt es sogar reine Tannenwälder. In den Ostalpen hingegen wachsen mehr Fichten als im Westen, dort kann man auf reine Fichtenwälder stoßen. Die Fichte breitete sich nur ganz allmählich in das Tannengebiet des Westens aus, wobei menschlicher Einfluss unterstützend gewirkt haben mag. Und im Osten konnten sich nur solche Weißtannen etablieren, die unter Fichten, also an sehr schattigen Orten, in die Höhe kommen konnten.

Wenig später wurden Buchenwälder in den Alpen häufiger. Auch auf die Ausbreitung der Buche könnte menschlicher Einfluss eingewirkt haben. In den folgenden Jahrtausenden verdrängten vielerorts Buchen die Eichen, die im Schatten von Buchen nicht wachsen können. Dabei wurde die Buche vor allem in den Südalpen bis in große Höhen dominant. Denn in den Südalpen gibt es weniger Schnee und relativ hohe Temperaturen, dazu im Sommer einen Wechsel von kräftigem Regen mit Sonnenschein. Zu Frost kommt es vor allem im Umfeld der großen Seen selten, denn deren Wasser erweist sich als Wärmespeicher im Winter. Für einen Laubbaum waren diese klimatischen Bedingungen günstig.

Andernorts setzten sich vor allem Fichtenwälder bis in große Höhen durch. Die Wuchsgebiete von Arven und Lärchen wurden dadurch beschnitten, oberhalb der Fichtenwälder blieben ihre Wuchsorte aber bestehen. Im Unterwuchs der Fichten breiteten sich vielerorts Grünerlen aus, die die Böden veränderten. Denn an Erlenwurzeln sitzen Bakterien, die Stickstoff aus der Luft binden. Dadurch wurde der Stickstoffgehalt der Böden vergrößert, so dass auf ihnen auch andere Gewächse üppiger gediehen.

Zwischen den felsigen und eisigen Gipfelregionen und den sich bis in Höhenlagen ausdehnenden Wäldern blieb in den Alpen eine «alpine Stufe» von Vegetation erhalten, ein Grasland mit nur wenigen oder überhaupt keinen Gehölzpflanzen darin. Man kann eine Baumgrenze beobachten, eine Höhe, an der die höchstgelegenen Baumindividuen wachsen. Diese Grenze ist allerdings keine festliegende Größe, denn immer wieder können Baumindividuen sich für einige Zeit auch oberhalb der Pflanzen festsetzen, von denen ihre Früchte und Samen einst ausgeschüttet worden waren. Schnee, Eis, Lawinen, Frost können die jungen Gehölzpflanzen der Hochlagen aber auch wieder eingehen lassen. Das war vor allem in etwas kälteren Klimaphasen der Fall, wenn sich in Hochlagen wieder Eis ansammelte und die Gletscher vorrücken ließ.

Schließlich wuchsen in den Nordalpen Bäume bis in etwas über 2000 Meter Höhe. Ein wenig höher hinauf breiteten sie sich in den Südalpen aus. In den Zentralalpen dagegen fanden sich Bäume zeitweise noch bis in Höhen um 2400 Meter. Man kann auch eine obere Grenze geschlossener Wälder, die Waldgrenze, festlegen, die unterhalb der Baumgrenze gelegen ist. Aber sowohl die Baum- als auch die Waldgrenze werden seit Jahrtausenden durch menschlichen Einfluss herabgedrückt. Vor allem weidendes Vieh führt zur Erniedrigung der Baum- und Waldgrenze. Etwas oberhalb der Baumgrenze gedeihen einige Zwergsträucher. Die Alpenrosen brauchen eine winterliche Schneebedeckung, sonst erfrieren sie. Auf dem kristallinen Gestein der Zentralalpen und dem Kalkuntergrund im Süden und Norden wachsen verschiedene Arten von Alpenrosen. Die

Rostrote Alpenrose – ihr Name rührt von der Färbung der Blattunterseiten her – kommt nur auf den sauren Böden der Zentralalpen vor, die Bewimperte Alpenrose auf Kalk. Ihre Blätter sind fein behaart. Rostrote und Bewimperte Alpenrose sind ein besonders gutes Beispiel für «vikariierende Arten», Pflanzenarten, die sich auf unterschiedlichen Böden gewissermaßen vertreten.

Für Menschen, die sich im Gelände orientieren wollen, ist die Frage wichtig, wo Baum- und Waldgrenze liegen. Wie wir gesehen haben, sind das aber keine Größen, die sich von Natur aus ergeben. Von Natur aus gibt es lediglich Waldgrenzökotone – Bereiche, in denen sich Wälder nach oben hin immer mehr lichten. Diese Bereiche können eine Breite von mehreren hundert Metern haben. In ihnen breiten sich Baumarten immer wieder, gewissermaßen «versuchsweise», aus und nehmen Wuchsorte ein, wo zuvor keine anderen Bäume standen. Dort werden aber auch immer wieder Bäume durch Wetterunbilden so stark geschädigt, dass sie schließlich eingehen, etwa wenn sie als Jungbäume zu lange unter Schnee liegen bleiben, der sich an dem natürlichen Hindernis eines Gehölzes ansammelt. Oder das nachts gefrierende, tagsüber tauende Eis reißt Nadeln oder ganze Äste von den Stämmen und Ästen der Bäumchen ab, wenn es allmählich zusammensackt. Oder auch starke Stürme mit von ihnen getriebenen Hagelschloßen schädigen die benadelten Äste, die aus dem Schnee hervorragen. Obwohl sich solche Witterungseinflüsse immer wieder bemerkbar machen, wird immer wieder auch Saatgut der Baumarten oberhalb der aktuellen Wälder liegen bleiben und sich festsetzen. Immer wieder werden junge Bäumchen daraus, und wenn dann einmal keine ungünstigen Witterungsbedingungen herrschen, könnte es sein, dass sich ein Baum auch oberhalb der Wald- oder gar der Baumgrenze ansiedelt. Gelingt dies gleich mehreren Keimlingen, etabliert sich auch dort eine Initiale von gemäßigtem Waldbinnenklima, das zur Stabilisierung eines Waldbestandes beiträgt. Aus ökologischer Sicht ist jedes einzelne Pflanzenindividuum interessant, das sich in großen Höhen ansiedelt, aber auch dasjenige, das in diesen Lagen abstirbt. Die pauschal festgelegten Baum-

Abb. 6: Zwei Alpensteinböcke

und Waldgrenzen haben dagegen keine große ökologische Relevanz. Wichtig ist es lediglich, eine generalisierende Grenze zwischen Wald und Offenland zu finden, die man auf einer Landkarte eintragen kann. Denn daraus geht hervor, dass es sowohl hochmontanen Wald als auch alpines Offenland gibt. Dieses Offenland der alpinen Stufe hat es in der Nacheiszeit, ja zum Teil schon auf den Nunatakkern des Eiszeitalters gegeben. Das zeigen nicht nur Funde von Pollenkörnern und anderen Überreste der Gewächse, sondern es lässt sich auch aus der Tatsache ableiten, dass es arktisch-alpin verbreitete Pflanzenarten gibt: Ihre Vorkommen blieben in hohen Breiten ebenso bestehen wie in den hohen Lagen der Alpen, während die schattigen Wälder, die sich zwischen Alpen und Arktis fast überall schlossen, ihnen keine weiteren Existenzmöglichkeiten erlaubten.

Vor allem in den alpinen Offenländern der Alpen siedelten sich bemerkenswerte Tierarten an, die das Grasland abweideten, darunter vor allem der Alpensteinbock und die Gams oder Gämse. Sie sind Wiederkäuer, die Gras zunächst nur abrupfen. Von ihm ernähren sich Mikroorganismen, die im Verdauungssystem der Wiederkäuer leben. Diese Mikroorganismen kann dann das Tier später zur Nahrung verwenden. Das Murmeltier frisst dagegen vor allem junge Triebe von Pflanzen, die arm an Zellulose sind. Diese Pflanzenteile kann das Tier auch ohne die Mitwirkung von Mikroorganismen als Nahrung nutzen. Zahlreiche Vogelarten ernähren sich von Samen und Früchten. Der Tannenhäher nimmt besonders gerne die Früchte von Arven auf, und er verbreitet sie auch, so dass die Wuchsgebiete unter seinem Einfluss größer werden. Andere Vögel erbeuten andere Tiere, so etwa beispielsweise der als «König der Alpen» geltende Steinadler.

Natürliche Einflüsse führen also immer wieder dazu, dass sich Pflanzenarten ausbreiten oder in ihrer Ausbreitung begrenzt werden. Heute herrschen diese natürlichen Einflüsse auch in den Hochalpen nicht mehr alleine vor, denn die ökologischen Bedingungen dort werden schon seit Jahrtausenden durch Menschen und deren Weidevieh beeinflusst. Dadurch wurden die Bereiche offenen Landes vergrößert. Das ist eine Tatsache, während man nicht genau festlegen kann, wie weit die Grenzen der obersten Gehölzvorkommen abgesenkt wurden und sich Pflanzen des Offenlandes auch in tieferen Lagen ausbreiteten.

Als sich die Vegetation der Alpen entwickelte, dehnten sich im Umkreis der Alpen, teilweise auch in den Tälern der Südalpen Gehölze aus, die in früheren Warmphasen des Eiszeitalters noch nach Mitteleuropa gelangt waren, dies nun aber nicht mehr schafften. Darunter war die Flaumeiche, die sich westlich und östlich der Alpen ausbreitete, so dass sie heute sowohl in fast ganz Frankreich als auch im Pannonischen Becken vorkommt, nicht aber in anderen milden Regionen Deutschlands. Am West- und Ostrand der Alpen kam auch die Edelkastanie ein Stück weit nach Norden, interessanterweise auch in Südtirol. Nicht ganz geklärt ist allerdings, inwieweit Menschen in den letzten Jahrtausenden die Ausbreitung der Esskastanie gefördert haben. Hopfenbuchen gibt es heute nur südwärts der Alpen, die wärmeliebenden immergrünen Steineichen findet man natürlicherweise nur an den Küsten des Mittelmeers, wo sie ursprünglich nicht nur als kleine Sträucher gediehen, sondern auch als stattliche Bäume.

4. Frühe Besiedlung der Alpen

Ein schroffes Hochgebirge, so scheint es, sollte eher abweisend auf Menschen wirken, die auf der Suche nach Möglichkeiten sind, die Grundbedürfnisse ihres Lebens zu stillen, nämlich Schutz vor den Unbilden des Wetters zu finden und regelmäßig Nahrung zu erwerben. Das war aber offensichtlich nicht der Fall, denn in die Alpen drangen schon vor etwas mehr als einer Million Jahren Hominiden vor, die mit heutigen Menschen zwar verwandt, aber nicht identisch sind. Sie nutzten die Höhle von Vallonet in den französischen Seealpen als Aufenthaltsort.

Menschen und ihre nahen Verwandten stammten ursprünglich aus Afrika. In den Tropen, wo es keine Jahreszeiten gibt, werden zu jeder Zeit im Jahr Früchte reif. Von ihnen konnten sich Menschen das ganze Jahr über ernähren, oder sie erbeuteten Tiere, die zu jeder Jahreszeit Futter fanden. Auch in anderen Gegenden der Erde konnten sich die Menschen das ganze Jahr über mit Nahrung versorgen, solange es dort genügend Tiere gab, auf die sich Jagd machen ließ. In Europa gab es vor allem in den Eiszeiten genug Nahrung für große Pflanzenfresser, die von Menschen erbeutet werden konnten. In den Höhlen der Alpen und anderer Gebirge konnten die Jäger Schutz vor den Unbilden der Witterung finden, von erhöhten Standpunkten aus von weitem Tiere entdecken und ihre Jagdwaffen auf sie hinabwerfen. Im Eiszeitalter waren daher immer wieder Menschen oder nahe mit ihnen verwandte Hominiden im Alpenraum. Menschen, die den heutigen nahezu glichen, fanden sich am Wildkirchli, am Nordhang des Säntis, während der letzten Kaltzeit ein. Und man entdeckte Spuren von Jägern selbst im alpinen Bereich: im 2445 Meter hoch gelegenen Drachenloch bei Bad Ragaz.

Am Anfang der Nacheiszeit, um 8000 v. Chr., hinterließen Menschen Spuren in den Südalpen, und zwar ebenfalls in erstaunlich großen Höhen, beispielsweise am 2214 Meter hohen Sellajoch in den Dolomiten. Auch diese Menschen lebten von der Jagd. Seit etwa 6000 v. Chr. besiedelten dann erste Bauern der Jungsteinzeit, die Getreide anbauten, das aus dem Nahen Osten stammte, und Vieh hielten, Randgebiete des Alpenraums. Sie legten ihre Äcker wohl vor allem dort an, wo das Alpengebiet wenig alpin wirkt, also in den breiten Tälern von Etsch, Alpenrhein und im Wallis an der Rhône.

Bevor eine Siedlung angelegt werden konnte, musste Wald gerodet werden. Man brauchte das Holz zum Hausbau; Getreide und andere Kulturpflanzen gediehen nur dort, wo zuvor Bäume beseitigt worden waren. Die frühen Siedlungen von Ackerbauern bestanden nur einige Jahrzehnte, wurden dann aufgegeben und an anderer Stelle neu errichtet. Den Grund dafür kennen wir nicht: Vielleicht ließen die Erträge auf den Feldern nach, oder es gab nach einigen Jahrzehnten nicht mehr genug Holz zum Bauen und Ausbessern von Hütten, auch nicht zum Heizen oder zum Zubereiten der Nahrung. Da mag man sich entschlossen haben, an anderer Stelle eine neue Siedlung zu bauen, wo noch ausreichend Holz zur Verfügung stand. Auf den verlassenen Siedlungsplätzen entwickelte sich erneut Wald. Im Verlauf dieses Prozesses konnten sich neu einwandernde Gehölzarten besser ausbreiten als dort, wo Wälder stets geschlossen geblieben waren. Nördlich der Alpen wurde auf diese Weise jahrtausendelang die Ausbreitung der Buche indirekt vom Ackerbau betreibenden Menschen gefördert, im westlichen Alpengebiet wurde auf ähnliche Weise die Fichte häufiger.

Im fünften vorchristlichen Jahrtausend entstanden am Alpensüdrand, beispielsweise am Gardasee und an anderen norditalienischen Seen, später auch in Slowenien und Kärnten, die ersten Pfahlbausiedlungen. Die meisten dieser Siedlungen wurden am Nordrand der Alpen gefunden, im Salzburger Land, Oberbayern, Oberschwaben und am Bodensee, am Zürichsee und an anderen Seen der Schweiz sowie im französischen Alpenvorland. Lange Zeit wurde darüber gestritten, ob die in den Boden gerammten Pfähle tatsächlich Bauwerke trugen, die oberhalb von Wasserflächen standen, oder ob sie lediglich Pfahlgründungen

Abb. 7: Pfahlbaudorf am Züricher See während der Steinzeit, nach einem Gemälde von W. Kranz, um 1900

von Siedlungen auf einem feuchten Untergrund waren. Man weiß heute, dass es sowohl Siedlungen auf feuchtem Boden gab als auch solche, die als echte Pfahlbauten von Wasser umgeben waren. Weil ihre Fundschichten unterhalb des Wasserspiegels liegen, wurden nicht nur anorganische, sondern auch organische Reste in großer Fülle konserviert: Stoffe, Holz, Getreidekörner. Die Pfahlbausiedlungen im Umkreis der Alpen sind daher Fundarchive ersten Ranges für die Archäologen. An den vielen Hölzern der Ausgrabungsstätten konnte man detaillierte dendrochronologische Untersuchungen durchführen. Man weiß daher, dass selbst diese mit großem Aufwand gebauten Siedlungen kaum über einhundert Jahre Bestand hatten; dann wurden sie verlagert, genauso wie die frühen Siedlungen, die auf trockenem Boden errichtet worden waren. Seit 2011 gehören die «Prähistorischen Pfahlbauten um die Alpen» zum UNESCO-Weltkulturerbe der Menschheit.

Bemerkenswert an den Pfahlbauten ist nicht nur die Fülle an Funden, sondern sie zeigen auch, dass es bereits vor Jahrtausenden Kulturkontakte quer über die Alpen gegeben hat. Denn die eigentümliche Siedlungsweise hatte sich überall im Umkreis des Gebirges etabliert. Die Ackerbaukultur der Jungsteinzeit war also nicht nur aus dem Orient nach Westen ins Mittelmeergebiet und in nordwestliche Richtung nach Mitteleuropa vorgestoßen. Teile der kulturellen Errungenschaften von Ackerbauern-Kultur gelangten auch quer über die Alpen und westlich der Alpen nach Norden.

Deutlich wurde dieser kulturelle Austausch für eine breite Öffentlichkeit durch den Fund von «Ötzi», einer jahrtausendelang im Gletschereis konservierten Mumie, die auch als «Mann vom Hauslabjoch» oder «Mumie von Similaun» bezeichnet wird. Die Fundstelle liegt in den Ötztaler Alpen, und zwar unmittelbar an der Grenze zwischen Italien und Österreich. Man hat sich dafür entschieden, dass der genaue Fundort in Italien liegt, und daher befindet sich die Mumie heute im Museum von Bozen. Im Rahmen sehr aufwendiger Untersuchungen von internationalen Forscherteams fand man heraus, dass «Ötzi» tatsächlich zwischen Orten im Süden und im Norden des Alpenhauptkammes unterwegs gewesen war.

«Ötzi» lebte am Ende des 4. Jahrtausends v. Chr., in einer Zeit, in der bereits Kupfer verarbeitet wurde und die man daher auch «Kupferzeit» nennt. Der Mann vom Hauslabjoch führte ein Kupferbeil mit sich. Das Kupfer stammte nach Auskunft der wissenschaftlichen Analysen aus der Toskana; man hätte es aber (mit geringfügig anderer Zusammensetzung) auch in Salzburg, Tirol oder an anderen Orten der Alpen gewinnen können. Am Mitterberg am Hochkönig im Salzburger Land wurde etwa zu Lebzeiten von «Ötzi» das erste Kupfer abgebaut.

Später, im zweiten vorchristlichen Jahrtausend, wurde dieser Abbauort von Kupfer neben anderen, die in Tirol und anderswo in den Alpen gelegen waren, sehr bedeutend; Kupfer aus den Alpen war weit und breit geschätzt. Wenn man es mit Zinn vermischte, gewann man einen vielseitig verwendbaren und wichtigen Rohstoff – die Bronze –, nach dem ein ganzer Abschnitt der Vorgeschichte Bronzezeit genannt wird.

Im ersten vorchristlichen Jahrtausend gewann der Bergbau auf einen anderen Rohstoff im Salzburger Land und im oberösterreichischen Salzkammergut noch größere Bedeutung: die Gewinnung von Salz. Mit Kochsalz ließen sich leicht verderbliche Lebensmittel, vor allem Fleisch und tierische Produkte, zum Beispiel Käse, haltbar machen. Bis ins Mittelalter hinein war Kochsalz daher ein besonders teurer Rohstoff. Am Dürrnberg bei Hallein in Salzburg und am Hallstätter Salzbergwerk in Oberösterreich blieben zahlreiche Gebrauchsgegenstände aus der damaligen Zeit erhalten. Ganz ähnliche Gegenstände fand man in weiten Teilen Mitteleuropas und ordnete sie der Hallstattzeit zu, die nach dem Fundort in Oberösterreich benannt ist. Die Hallstattkultur und die nachfolgende La-Tène-Kultur werden mit den Kelten in Verbindung gebracht, von denen wir aus literarischen Quellen unterrichtet sind. Hallstatt mit seinem Salzbergwerk ist ein weiterer Ort mit langer Vergangenheit im Alpenraum, der in der Liste des UNESCO-Weltkulturerbes aufgeführt ist.

Spätestens zu der Zeit, in der sich der Bergbau in Hochlagen der Alpen zu entwickeln begann, entstanden auch die ersten Almsiedlungen, beispielsweise am Dachstein in Österreich. Almsiedlungen liegen in den Hochlagen der Alpen, entweder oberhalb der Waldgrenze oder besser unmittelbar darunter; dort konnte man sie durch einen schmalen Baumstreifen vor Lawinen schützen. In den Almsiedlungen hält man in der warmen Jahreszeit Tiere. Oberhalb der Waldgrenze finden sie natürliches Grünland zum Grasen, ohne dass man zuvor Bäume schlagen muss. Durch jahrtausendelange Almwirtschaft wurde die Baumgrenze allerdings talwärts verschoben, so dass die Weideflächen größer wurden. Dafür wurde Wald gerodet, vor allem aber sorgte die beständige Beweidung dafür, dass kein Baumwuchs mehr aufkam; junge Triebe von Gehölzen wurden vom Vieh abgebissen. Möglicherweise zeigt die Obergrenze der Verbreitung von Grünerlen an, wo ursprünglich die Baumgrenze gelegen haben könnte. Durch die Anlage von Almen wurde nicht nur die Lage von Wald- oder Baumgrenze verändert. Auf den beweideten Flächen breiteten sich Gewächse aus, die vom Vieh nicht gefressen werden, weil sie giftig sind, bitter schmecken und Dornen oder Stacheln tragen. Dazu gehören Orchi-

Abb. 8: Alm im Gental, Kanton Bern

deen, Enzian-Arten, verschiedene Disteln oder der Germer, ein Liliengewächs. In der Umgebung der Almhütten, die man auch Viehläger nennt, breiteten sich sogenannte Lägerfluren aus, in denen Pflanzen stickstoffreicher Böden die Oberhand gewannen. Dazu gehören der Alpenampfer mit seinen großen Blättern und der Blaue Eisenhut.

Almen werden auch Alpen genannt, und es ist möglich, dass der Name des gesamten Gebirges damit zu tun hat. Das Gebirge der Alpen wäre demnach als eine Gegend mit Alpsiedlungen definiert. Die Almwirtschaft ist eine besondere Form von Transhumanz, bei der – im Unterschied zum Nomadismus – Bauern mit ihren Viehherden zwischen festgelegten Orten hin- und herziehen. Nomaden suchen dagegen immer wieder andere Orte auf. Almwirtschaft findet man nicht nur in den Alpen, sondern auch in anderen Hochgebirgsgegenden der Erde; sie wurde aber wohl zuerst in den Alpen als solche bezeichnet.

Die Hauptsiedlung befindet sich im Tal. Von ihr aus wird Ackerbau betrieben, und dort gewinnt man auch das Winterfutter für die Tiere, und zwar entweder an regelmäßig geschneitelten Bäumen (vor allem Ulmen, Linden, Eschen und Ahorn)

Abb. 9: Almabtrieb in Alpbach in Tirol

oder auf Wiesen. Deren Anlage war aufwendig. Man musste sie nämlich völlig einebnen, Steine mussten von ihren Oberflächen entfernt werden, man musste sie bewässern, wobei im Wasser Mineralstoffe zur Düngung mitgeführt wurden, und das Gras schneiden. Dazu brauchte man eiserne Sensen, die erst in der Eisenzeit, im 1. Jahrtausend v. Chr., aufkamen, in der Jungsteinzeit und Bronzezeit hingegen noch unbekannt waren. Man konnte aber nachweisen, dass man bereits in der Jungsteinzeit belaubte Zweige schnitt, trocknete und dem Vieh als Futter vorwarf. Überreste der Zweige fand man in den feucht gehaltenen Ablagerungen der Pfahlbausiedlungen.

Die Tiere wurden im Frühjahr zunächst in den Tälern auf die Weiden geschickt, und dann wanderte ein Teil der Bevölkerung mit ihnen in größere Höhen, auf die höher gelegene Alm. Die im Sommer auf der Alm lebenden Sennen hüteten das Vieh und stellten Käse her, den sie in ihren Hütten mit Salz konservierten, lagerten und dann ins Tal brachten, wenn sie Korn und andere Lebensmittel in die Höhensiedlungen transportieren mussten oder beim Almabtrieb mit ihrem Vieh in die Täler zurückkehrten. Dort musste bis dahin die im Tal zurückgebliebene Bevölkerung Korn und Heu geerntet haben; aber sicher ließ man die Tiere auch im Tal noch so lange weiden, bis zum ersten Mal große Mengen an Schnee gefallen waren. Abhängig von der Menge des geernteten Heus musste die Aufstallungszeit so weit wie möglich begrenzt werden, und man stellte auch nur diejenigen Tiere in den Stall, die man zum Erhalt der Herde brauchte. Die anderen Tiere wurden am Ende der Weidezeit geschlachtet; ihr Fleisch wurde vor allem in der ersten Hälfte des Winters verzehrt, bis zum Einsetzen der Fastenzeit.

Es ist kaum wahrscheinlich, dass alle Feinheiten der Almwirtschaft bereits in der Bronze- und Eisenzeit entwickelt waren. Aber es gab diese Art und Weise, das Land zu nutzen, und vor allem am Anfang stand sie in Verbindung mit dem Bergbau in großen Höhen der Alpen. Von den Almen aus wurden die Bergleute versorgt, vielleicht lebten sie auch auf den Almen und beteiligten sich an der Versorgung des Viehs. Umgekehrt ist die Almwirtschaft auch davon abhängig, dass Salz zur Verfügung steht, um den Käse zu konservieren.

Besonders gut ließ sich die Almwirtschaft übrigens in eine Landschaft einpassen, die viele Jahrtausende zuvor von Gletschern geformt worden war. In Trogtälern gibt es einen besonders breiten ebenen Talboden, auf dem man gut Äcker und Wiesen anlegen konnte. Die steilen Hänge der Täler blieben von Wald bestanden; durch sie verliefen die Steige, die Talsiedlungen und Almen miteinander verbanden. Oberhalb der Talschultern, an denen in den Eiszeiten die Oberkanten der Gletscher gelegen hatten, war das Gelände ebener. An vielen Stellen konnte man auch den breiten Talboden von Hängetälern für die Anlage von Maiensäßen und Almen nutzen. Über ihnen erhoben sich die nur an geschützten Orten von Pflanzen bewachsenen steinigen und felsigen Gipfelregionen, die man in die Almwirtschaft nicht einbeziehen konnte, weil es dort zu wenig Futter für die Tiere gab.

In der Eisenzeit kam ein weiterer Bodenschatz hinzu, der in Bergwerken der Alpen ausgebeutet wurde: Eisenerz, nach dem die gesamte Epoche der Vorgeschichte ihren Namen erhielt. Die wichtigsten Eisengewinnungsgebiete lagen allerdings in einer anderen Region als die bisherigen Bergwerke, nämlich im Osten der Alpen, in Kärnten, in der Steiermark und in Slowenien. Die dortigen Erzvorkommen sind derart reich, dass sie zum Teil bis in die Gegenwart abgebaut werden.

Die Möglichkeit, Eisen zu gewinnen, zu verhütten und zu verwenden, war ein Markstein in der Entwicklung der Menschheit. Mit eisernen Pflügen konnten steinigere, weniger tiefgründige Böden als zuvor für den Ackerbau erschlossen werden. Mit Sensen war es möglich, Getreide bodennah zu schneiden. Das war erheblich effizienter, doch es brachte auch eine Veränderung in der Zusammensetzung des Getreides mit sich. Zuvor hatte man vor allem Gerste, Weizen und dessen Verwandte angebaut. Mit einer Sichel konnte man sehr genau darauf achten, dass nur die Ähren der erwünschten Pflanzen, aber kein Unkraut mitgeerntet wurde. Bei der bodennahen Ernte mit der Sense hingegen ließ sich das Erntegut weniger gut selektieren, es wurden mehr Unkrautsamen untergemischt, darunter auch viele Körner vom Roggen, der sich zuvor als Unkraut in den Kulturen anderer Getreidearten ausgebreitet hatte. Wenn man ihn miterntete und seine Körner mit anderem Getreide wieder ins Saatgut gelangten, breitete sich der Roggen schnell aus. Das war nicht unwillkommen, denn Roggen lässt sich gut lagern, auch bei ungünstigen klimatischen Bedingungen, wie sie vielerorts in den Alpen herrschten. Und man konnte sehr gutes Brot aus dem Mehl herstellen. Wenn nicht nur die Körner zum Erntegut gehörten, sondern auch das Stroh, hatte man zusätzlich Einstreu für die Ställe gewonnen.

Mit der Sense konnte man auch Gras schneiden, das man anschließend zu Heu trocknete und dem Vieh im Winter zum Fressen vorwarf. Neben dem Laubheu hatte man nun auch Grasheu zur Verfügung und damit mehr Futter für die Tiere. Sowohl das Vorhandensein von langem Roggenstroh als auch von Heu begünstigte eine Verlängerung der Stallhaltung und damit die Gewinnung einer größeren Menge an Dünger. Er konnte mit eisernen Pflügen besser in den Ackerboden eingearbeitet werden, so dass insgesamt die Landwirtschaft ertragreicher wurde.

Die an bestimmte Orte gebundene Ausbeutung von Boden-

Abb. 10: Zur Laubheugewinnung geschneitelte Eschen in Karpfsee bei Bad Heilbrunn im oberbayerischen Alpenvorland

schätzen und die Almwirtschaft waren Faktoren, die die Stabilisierung der Siedlungen förderten. Immer mehr Siedlungen wurden nun nicht mehr so oft verlagert wie in früherer Zeit. Allerdings warf das Probleme bei der Rohstoffversorgung auf, denn zum Betrieb der Salzpfannen und zur Verhüttung von Erzen waren große Mengen an Holz notwendig. Man schmolz das Erz und konnte dabei die einzelnen Metalle voneinander trennen, weil sie unterschiedliche Schmelzpunkte haben und nach und nach beim Schmelzen aus dem Erz herauszufließen beginnen.

Insgesamt war der Alpenraum kurz vor Christi Geburt zu einem wirtschaftlich interessanten Gebiet geworden. An vielen Stellen kannte man diverse Bodenschätze, die beim Auffalten von ursprünglich tief im Untergrund lagernden Gesteinsschichten an die Bodenoberfläche gelangt waren. Sie ließen sich dort leicht und in großen Mengen abbauen.

Seit dem Ende des 2. Jahrhunderts v. Chr. drangen die Römer ins Alpengebiet vor. Die Aussicht, neue Rohstoffquellen zu erschließen, war sicher ein wichtiger Grund für die Expansion des Römischen Reiches. Aber es gab auch militärische Gründe: In den Jahrhunderten zuvor hatte es immer wieder kriegerische Auseinandersetzungen mit den Alpenvölkern gegeben; sie drangen mehrmals weit nach Süden vor, und die Römer wurden immer wieder empfindlich geschlagen, zum Beispiel von den keltischen Senonen im Jahr 387 v. Chr. Hinzu kam die bekannte Schlacht von Cannae von 216 v. Chr., als der Karthager Hannibal unter anderem mit einer größeren Zahl von Kampfelefanten über einen Westalpenpass in die Po-Ebene gezogen war und gemeinsam mit keltischen Völkern aus dem Alpenraum die Römer angriff und besiegte. Die Römer konnten sich allerdings immer wieder rächen und sowohl die Karthager als auch die Kelten zurückhalten.

Nun schlossen die Römer zum Teil Abkommen mit der ansässigen Bevölkerung, zum anderen Teil kam es zu weiteren militärischen Auseinandersetzungen, aus denen die Römer als Sieger hervorgingen. Kurz vor Christi Geburt war fast der gesamte Alpenraum in das Römische Reich integriert. Zur Erinnerung an dieses Ereignis errichteten die Römer ein monumentales Bauwerk am westlichen Rand der Alpen, in La Tourbie bei Monaco.

Innerhalb des Römischen Reiches wurden Siedlungen generell nicht mehr verlagert. Es wurde eine feste Infrastruktur mit stabilen Siedlungen aufgebaut. An vielen Orten entstanden monumentale Bauwerke, beispielsweise das Theater von Aosta, die Bauten der am Rand der Alpen gelegenen Städte Kempten oder Verona mit der weltberühmten Arena.

Zwischen den Siedlungen schufen die Römer ein festes Straßennetz, auf dem sowohl Personen als auch zahlreiche Waren unterwegs waren. Die Verfügbarkeit von Salz machte es möglich, auch empfindliche Lebensmittel auf einen langen Transport zu schicken. In den Alpen bauten die Römer lange zuvor schon genutzte Saumpfade zu Passstraßen aus, die den heutigen Routen stark ähneln, beispielsweise am Großen Sankt Bernhard oder am Brenner. Die Straße über den Brenner wurde aber noch nicht durch das Inntal weiter in Richtung Rosenheim geführt, wichtiger war für die Via Claudia Augusta der Weg über den Fernpass und dann Richtung Augsburg. Ein weiterer bedeutender Alpenpass verlief über den Septimer ins heutige Graubünden. Heute kann der Septimerpass nur noch von Bergwanderern genutzt werden, nicht aber von Fahrzeugen. Mit der Zeit wurde er durch den ebenfalls schon in römischer Zeit genutzten Julierpass abgelöst. Noch später kam der Splügenpass hinzu. Auch der Gotthardpass hatte in römischer Zeit noch kaum Bedeutung, weil die sich nördlich anschließende Schöllenenschlucht ein unüberwindliches Hindernis darstellte.

Für einige Zeit war die von den Römern aufgebaute Infrastruktur stabil, dann zerfiel sie zum Teil wieder. In den Alpen blieb aber erstaunlich viel davon bis auf den heutigen Tag erhalten, und mehrere Städte und Straßen des Alpenraums gehen auf Vorläufer aus römischer Zeit zurück. Zu einer erneut festen Struktur wurden sie erst wieder im Lauf des Mittelalters zusammengefügt.

5. Die Herausbildung der für traditionell gehaltenen Alpenlandschaft seit dem Mittelalter

Im Mittelalter wuchsen die Machtzentren des Heiligen Römischen Reiches südlich und nördlich der Alpen. Die Verbindung zwischen diesen Zentren musste über die Alpen erfolgen. Menschen überquerten die Alpen und schilderten ihre Eindrücke von der Gefährlichkeit einer solchen Unternehmung. Wichtig war genauso der Transport von Waren: Nicht nur Produkte des Mittelmeergebietes wie beispielsweise Feigen und Wein wurden in den Norden gebracht, sondern auch die Produkte aus subtropischen und tropischen Regionen, die über die Häfen von Venedig oder Genua und anderen Orten nach Europa kamen, beispielsweise die überaus begehrten Gewürze. Bodenschätze, darunter Silber und Salz, wurden in den Süden transportiert. Die Siedlungen des Alpenraumes wurden in den Handel mehr und mehr einbezogen. Vielerorts musste dort Korn importiert werden, weil es nicht genügend Anbauflächen gab oder die Sommer immer wieder zu kurz waren, um sich darauf verlassen zu können, dass das Getreide regelmäßig reif wurde. Vieh, das auf den Almen groß gezogen worden war, wurde in die Städte im Umfeld der Alpen getrieben. Auch der in einzelnen Talschaften und auf deren Almen produzierte Käse kam auf die städtischen Märkte sowohl des Nordens als auch des Südens; vielfach wurden auch Steuern in Form von Käse entrichtet.

Um das Reisen gefahrloser zu machen und den Handel zu erleichtern, wurden die Pässe und die zu den Pässen führenden Wege und Straßen ausgebaut und durch ganze Ketten von Burgen gesichert, die man auch als Schutzhütten nutzen konnte. Schutz fand man auch an den Passübergängen, etwa in den Hospizen Tgesa da Sett auf dem Septimerpass, auf dem Großen Sankt-Bernhard-Pass und dem Gotthardpass. Alle diese Hospize stammen aus dem Mittelalter. Im Laufe des Mittelalters

Abb. 11: Teufelsbrücke in der Schöllenenschlucht der Reuss.
Die untere Brücke ist die Zweite Teufelsbrücke aus der ersten Hälfte des 19. Jahrhunderts, darüber verläuft die moderne Dritte Brücke von 1958.

wurde die Schöllenenschlucht nördlich des Gotthard durch den Bau von Saumwegen und Brücken, schließlich der berühmten Teufelsbrücke, passierbar gemacht. Erst dann konnte die Gotthard-Route zu einer besonders wichtigen Alpenquerung werden.

Auf den Kämmen der Alpen bestanden häufig Gefahren durch sehr ungünstige Witterungsbedingungen: Sturm, Starkregen, dichter Nebel, Schnee und Schneeverwehungen. Immer wieder gingen Lawinen auf die Passwege nieder. An den Pässen sammelt sich der Schnee in manchen Jahren zu gewaltigen Bergen an. Im Spätwinter 2019 lag der Schnee beinahe fünfzehn Meter hoch auf dem Großen Sankt Bernhard, 1885 waren es sogar 26 Meter. In den Hospizen an den Passhöhen hielt man besondere Hunde, mit denen man Lawinenopfer suchen konnte. Daraus entwickelte sich unter anderem die Rasse der Bernhardiner, die im Hospiz am Großen Sankt-Bernhard-Pass gezüchtet wurden.

Noch gefährlicher war in mancher Hinsicht die Passage der Schluchten: Dort herrschten niedrige Temperaturen, die Wege waren oft eisglatt. Zu Zeiten der Schneeschmelze schossen gewaltige Wassermengen zu Tal, die Brücken, Pfeiler und Stützmauern zum Einsturz brachten. Im Laufe des Mittelalters wurde die Viamala, der nördliche Zugang am Hinterrhein entlang zu den Pässen Julier und San Bernardino, durch Rüfen unpassierbar. Als Rüfe bezeichnet man in der Ostschweiz eine Ansammlung von Geröll, die von einer Mure, einer Steinlawine, oder von einem nur zeitweilig sehr viel Wasser führenden Schmelzwasserbach abgelagert wurde. Weitere Gefahren bestanden durch Räuber, die in den dünn besiedelten Regionen die Warentransporte von oben her angriffen und ausraubten.

Spätestens seitdem in den Weilern und Dörfern Kirchen und Kapellen gebaut worden waren, wurden diese nicht mehr verlagert. Erste Kirchen baute man aus Holz, spätere meist aus Stein. Beide Baumaterialien waren in den Alpen überall oder doch meistenteils verfügbar. Man verwendete vor allem Nadelholz von Tannen und Fichten aus den Bergwäldern in der Umgebung der Talsiedlungen, man holte aber auch das Holz von

Abb. 12: Das «Grand Chalet» in Rossinière ist mit einer Grundfläche von 500 Quadratmetern, fünf Stockwerken und 113 Fenstern das größte Holzhaus der Schweiz.

Lärchen und Arven (Zirben) aus großen Höhen in die Täler. Viele Stämme der Nadelbäume waren exakt gerade gewachsen. Daher konnte man Stamm neben Stamm legen oder stellen und auf diese Weise einen Blockbau konstruieren. Mit Laubholz ist dies nicht möglich, denn die Stämme von Eichen und anderen Laubbäumen weisen zahlreiche Unregelmäßigkeiten und Biegungen auf, so dass man aus ihnen zwar sehr gut Fachwerkhäuser, aber keine Blockhäuser bauen kann. Oft sieht man in der ländlichen Architektur im Alpenraum eine Kombination aus Stein- und Holzbau: Man führte die Fundamente der Häuser aus Stein auf und setzte die Blockhauskonstruktionen darauf. Oder man baute die Häuser ganz aus Stein und verkleidete sie mit Brettern oder Schindeln, die man ebenfalls aus Nadelholz herstellte. Aus Fichtenholz verfertigte Schindeln sind sehr weit verbreitet, aber man verwendete auch Holz der anderen Nadelbäume zum Schindelmachen. Schindeln wurden sowohl an den Hauswänden als auch auf den Dächern befestigt.

Im Lauf der Jahrhunderte entstanden sehr verschiedene Formen von Bauernhäusern oder Bauerngehöften. In einigen Gegenden gibt es Einhaushöfe, bei denen Wohn- und Stallteil sowie die Scheunen unter einem großen Dach vereinigt sind. Das ist beispielsweise im Berner Oberland und dessen Umgebung der Fall, wo es imposante Bauernhöfe zu bewundern gibt. Eines der allergrößten ländlichen Gebäude der Schweiz und damit auch Europas steht in Rossinière im Kanton Waadt, der an das Berner Oberland angrenzt. Das «Grand Chalet» wurde 1754 gebaut, der Maler Balthus wählte es zu seinem Altersruhesitz und starb auch in diesem Haus. Das Einhausgehöft bietet den Vorteil, dass man jederzeit – auch dann, wenn im Winter viel Schnee liegt – jeden Teil des Bauernhofs rasch erreichen kann, ohne die Gebäude verlassen zu müssen und ohne erst mit großem Aufwand den Schnee beseitigen zu müssen. Das aufgestallte Vieh trägt überdies zur Temperierung des gesamten Gebäudes bei.

Wenn möglich, sorgte man dafür, dass die Sonne im Winterhalbjahr den Wohnteil der Häuser erreichte. Die flach stehende Sonne schien auch unter vorkragenden Dächern und Balkonen in die Wohnstuben hinein. Im Sommer hingegen verhinderten die Dachvorstände ein direktes Eindringen von Sonnenlicht in die Wohnräume, und es blieb dort angenehm kühl. Viele Häuser wurden am Hang errichtet. Sie haben eine hohe Südfront mit dem Wohnteil, während der Stallteil teilweise in den Hang hineingebaut wurde. So konnte man das Erntegut vom oberhalb gelegenen Gelände durch ein Tor im Dach direkt in das Obergeschoss des Hauses einbringen. Von dort warf man Heu in den darunter gelegenen Stall.

In anderen Gegenden sind die Gehöfte aus mehreren Gebäuden zusammengesetzt. Dort muss man zwar manchmal eine Menge Schnee räumen, ehe man vom Wohnhaus zum Stall oder zur Scheune kommt. Aber eine Feuersbrunst lässt sich oft auf ein Gebäude begrenzen: Dann wird beispielsweise nur die Scheune, aber nicht der gesamte Hof in Schutt und Asche gelegt. Außerdem braucht man nur relativ kurze Stämme zum Bau der kleineren Blockhäuser. Die Speicher haben oft keinen Sockel aus Stein, sondern sind auf steinernen oder hölzernen Pfeilern aufgeständert, in die Kugeln oder vorkragende Steinplatten integriert sind. Beide Konstruktionen verhindern, dass Mäuse vom Boden aus zu den Vorräten gelangen. Die Besitzungen einzelner Bauern sind durch Zäune aus schräg in den Boden gesteckten Fichtenästen voneinander getrennt; die einzelnen Bohlen der Zäune werden dabei durch biegsame Fichtenholzfasern aneinandergebunden. Über die Zäune gelangt man über Trittstufen, die nicht von Tieren, aber von Menschen begangen werden können.

Nicht überall in den Alpen findet man Holzhäuser. In den Südalpen wird traditionell mehr Stein verwendet, und auch in manchen Gegenden Oberbayerns und Tirols sowie im Engadin sind Steinhäuser verbreitet, in die nur wenig Holz eingebaut ist. Dicht an dicht sind die Steinhäuser vieler Dörfer in den Südalpen aneinandergebaut, und selbst die schmalen Gassen zwischen ihnen sind mit runden Kieseln bepflastert. Charakteristisch für manche Gegenden in Kärnten oder Slowenien sind Walmdächer. Dort gibt es auch besondere offene Scheunen für das Heu, deren Dächer je nach Bedarf nach oben oder unten geschoben werden können. Oft sind die Dächer der Häuser in den Alpen mit Schieferplatten bedeckt, oder es gibt Legschindeldächer, deren Schindeln mit Steinen beschwert sind. «Normale» Schindeln, die man in späterer Zeit verwendete, wurden dagegen mit Nägeln aneinandergeheftet. Für Strohdächer nutzte man das lange Roggenstroh.

Pultdächer stehen besonders weit über, so dass man auch bei hohem Schnee um die Häuser herumgehen kann und die Dachlawinen erst in einiger Entfernung vom Haus niedergehen. Durch geringe Dachneigung versuchte man ohnehin, die Bildung dieser Form von Lawinen zu verhindern. Anderswo wiederum, unter anderem im Appenzeller Land, sind die Dächer steiler, vielleicht um gerade die Bildung von Dachlawinen zu fördern. Denn auch das kann einen Vorteil haben: Dann bleibt der schwere Schnee nicht so lange auf den Hausdächern liegen, und es wird verhindert, dass er die Dächer eindrückt. Die Vielfalt der Bautypen ist enorm; sie variieren zum Teil von

Abb. 13: Enge, mit Kieselsteinen bepflasterte Straße und Steinhäuser in Loveno di Menaggio am Comer See

Tal zu Tal. Das hat weniger mit der Verfügbarkeit von Baumaterial zu tun als vor allem mit lokalen Bautraditionen.

In der Umgebung der Höfe wurden Äcker und Wiesen angelegt. Man bewirtschaftete zunächst das möglichst ebene Land, dann auch die Hänge, die teilweise so steil waren, dass Gespanne und später Maschinen, selbst der in der Schweiz konstruierte und für solches Gelände geeignete «Aebi», auf ihnen nicht zum Einsatz kommen konnten. Man zog die Pflüge – oft von Hand – nur hangaufwärts, um gegen Bodenerosion anzugehen. Abgespültes Erdmaterial wurde außerdem in Körben ein Stück weit hangaufwärts getragen. Vielerorts entstanden Terrassierungen großen Ausmaßes. Dadurch konnte die Hangneigung der Äcker etwas herabgesetzt werden.

Anders als die nicht terrassierten Steilhänge ließen sich terrassierte Hänge hangparallel bearbeiten, und zwar mit Pflügen, mit denen man die Schollen in beide Richtungen wenden konnte, statt nur in einer, wie es im Mittelalter üblich war. Dazu brauchte man für den Hinweg des Pflügens einen Satz Pflugschare und für den Rückweg einen zweiten, und beim Wenden der Pflüge mussten auch die Pflugschare gedreht werden. In Bayern nannte man ein solches Gerät Leitenpflug. Als Leite bezeichnete man einen steilen Hang, einen Prallhang, an dem ein Fluss entlang«geleitet» wurde. Man kann den Leitenpflug als einen Vorläufer des heutigen Wendepflugs auffassen, an dem auch zwei Sätze an Pflugscharen angebracht sind; sie werden beim Drehen des Pfluggespanns ebenfalls gewendet. So wurde die Scholle immer bergauf gedreht. Aber auch auf diesen Äckern musste man bei starker Bodenerosion das abgetragene Erdreich wieder bergauf tragen.

An einigen Hängen entstanden kunstvolle Trockenmauern, vor allem dort, wo man Wein anbaute und noch heute anbaut, also beispielsweise im Wallis. Besonders eindrucksvolle Trockenmauern findet man in Visperterminen bei Brig, in einem südlichen Nebental des Wallis.

Die Gärten lagen nicht unmittelbar an den Häusern, sondern etwas abgesetzt davon. An den Häusern waren die Tiere unterwegs, und die Gärten musste man vor ihnen durch Zäune schützen. An vielen Bauernhöfen findet man noch alte Hofbäume, deren Laub als Viehfutter verwendet wurde. Es handelt sich dabei vor allem um Linden, Eschen und Ahorn. Unterhalb der Häuser, an den von der Sonne beschienenen Südfronten, war und ist der beste Platz für Obst- und Nussbäume. Man zog sie aber auch in Spalieren direkt an den Hauswänden.

Beim Wiesenbau kam es darauf an, dass der Schnee möglichst rasch wegschmolz und das Land mit Mineralstoffen gedüngt wurde. Um beides zu erreichen, leitete man das Wasser von Bächen in hangparallel verlaufende Kanäle ab und ließ von dort aus Wasser den Hang hinunterrieseln. Der Schnee schmolz dann um einige Wochen früher, und der gefrorene Boden taute auf. Mit dem Wasser kamen düngende Mineralstoffe auf das Land. Im Sommer verhinderte man durch Berieseln das Austrocknen der Grasflächen. Einige Zeit vor dem Grasschnitt stellte man die Bewässerung ab, indem man hölzerne Sperren in die Kanäle stellte oder einfach ein paar Steine hineinlegte. Nach dem Schnitt sollte Gras möglichst lange auf dem Land trocknen können. Im Anschluss daran legte man es auf Ständer, die man entweder aus Stöcken zusammensteckte oder bereits fest installiert hatte, als sogenannte Heuharfen oder Histen.

Wo das Gelände zu steil für den Ackerbau und die Anlage von Wiesen war, ließ man den Wald stehen. Er bot stets einen sehr guten Schutz vor Lawinen, deren Wucht sich zwischen den Bäumen brach.

Oberhalb der Steilhänge lagen weiterhin die Almen, und die Almwirtschaft wurde im Lauf der Zeit ebenfalls ausgebaut. Die Gebäude glichen zum Teil den Häusern im Tal, bestanden also aus Stein und Holz, das zu Blockbauten miteinander verbunden war, zum Teil überwog aber auch der Stein, denn in der Umgebung mancher hoch gelegenen Alm gab es nur wenig Holz. Die Gebäude der Almen waren einfacher konstruiert; man musste in ihnen nicht den kalten Winter überstehen, aber man brauchte Schutz, denn auch im Sommer konnte es gelegentlich bis zu den Almen herunter schneien. Oft wurden Almen im Winter zerstört, vor allem durch Lawinen, so dass man die Bauten im Frühsommer neu errichten musste. Die geringe Größe der Hütten brachte es mit sich, dass alle Menschen, die auf die Alm gingen, in beengten Verhältnissen lebten. Oft gab es nur einen Raum in der Almhütte, in dem Männer und Frauen gemeinsam übernachteten. Das regte die Phantasie an, der Spruch «Auf der Alm gibt's koa Sünd» mag sich darauf beziehen. Zu den Almen im weiteren Sinne gehören auch die Maiensäße oder Niederlieger, die auf halber Strecke beziehungsweise auf halber Höhe zwischen Talsiedlung und Alm gelegen waren und in denen man sich mit dem Vieh im späten Frühjahr oder Frühsommer aufhielt, bis der Schnee auch in den Hochlagen geschmolzen und dort Gras und Kräuter gewachsen waren.

Die Almwirtschaft war ein besonders wichtiges Element der Landwirtschaft im Alpenraum. Einerseits war es möglich, die Tiere für einige Monate im Jahr abseits der Talsiedlungen weiden zu lassen, so dass in den niedrigen Lagen mehr Acker- und Wiesenbau betrieben werden konnte. Zum anderen wurde auf den Almen mit dem Käse ein besonders wichtiges landwirtschaftliches Produkt erzeugt. Er war ein sehr haltbares Milchprodukt, von dem sich nicht nur die Bauern ernährten, sondern das auch über weite Distanzen in die wachsenden Städte des Umlandes transportiert werden konnte. Auf diese Weise nahmen die Alpenbauern direkt am wirtschaftlichen Aufschwung der Städte teil und wurden in die Geldkreisläufe einbezogen. Käse wurde auf viele Weise hergestellt, man nahm Milch von Kühen, Schafen oder Ziegen, versetzte sie mit Lab, trennte die Molke ab und ließ den Käse mit verschiedenen Schimmelpilz- und Bakterienkulturen unterschiedlich lange reifen. Einigen Sorten von Käse setzte man Gewürze zu. Daraus entwickelten sich Traditionen des Käsemachens, die sich beispielsweise von Tal zu Tal oder von Region zu Region unterschieden und noch heute unterscheiden. Die Schweiz ist besonders reich an diversen Käsesorten, die zum Teil nach ihren Herkunftsregionen benannt sind: Emmentaler, Appenzeller, Greyerzer oder Gruyère, Berner Hobelkäse, Bündner Bergkäse oder Walliser Raclette. Sbrinz stammt aus der Innerschweiz, an mehreren Orten wird Schabziger oder kurz «Ziger» hergestellt, der mit dem Schabzigerklee gewürzt wird, einer Gewürzpflanze, die im frühen

Mittelalter aus dem Orient in die Alpen gebracht worden war. Gemeinsam mit den unterschiedlichen Haustypen trugen die jeweils hergestellten Käsesorten stark zur Identitätsbildung der einzelnen Alpenregionen bei.

In einigen Gegenden gab es besondere Formen der Landbewirtschaftung; nur auf einige kann hier hingewiesen werden. Am regenreichen Nordrand der Alpen baute man viel Lein an, etwa im Allgäu, rings um den Bodensee und im Kanton Sankt Gallen. Dort konnte man die Stängel besonders gut aufbereiten, um Leinenfasern daraus zu gewinnen. Nach der Ernte müssen die Pflanzen in eine feuchte Umgebung gelegt werden, die von der Sonne beschienen wird. Dann lösen sich die kurzen von den langen Faserzellen. Man kann eine solche sogenannte Röste von Lein an einem flachen Seeufer durchführen. Besonders gut lässt sich der Lein aber rösten, wenn man ihn in feuchtes Gras legt. Dort lösen sich die Zellen ebenfalls voneinander. Nach der Trocknung kann man die kurzen Zellen von den langen Fasern herunterkämmen. Leinen aus Konstanz und Sankt Gallen war ein berühmtes Handelsgut in vergangenen Jahrhunderten.

In Tirol und Südtirol gab es viel Buchweizen, den «Weizen des Waldes», der im Mittelalter aus Asien nach Europa gekommen war. In dem Dorf Mund im Wallis spezialisierte man sich auf den Anbau von Safran, mit dem ein besonderes Brot gelb gefärbt wird. Weit verbreitet sind Kastanienhaine in den Südalpen, beispielsweise im Tessin und im Bergell.

Das Wallis und der Vinschgau, am Oberlauf der Etsch in Südtirol gelegen, gehören zu den inneralpinen Trockenregionen. Um dort dennoch Landwirtschaft betreiben zu können, braucht man eine besondere Form von künstlicher Bewässerung. Das von den Hängen herabströmende Wasser wird dort nicht für die Wiesenkultur, sondern für Ackerland und Obstbaumkulturen verwendet. Neben den langen Kanälen verlaufen schon seit alter Zeit Wege, die von Wärtern genutzt werden. Die Pflege der Wasserwege ist aufwendig, und es muss das Wasser mal auf das eine, mal auf das andere Feld geleitet werden. Die sogenannten Waalwege werden heute als Wanderwege genutzt.

In einigen Gegenden der Alpen wurde auch Brandwirtschaft betrieben. Vielleicht wählte man dafür etwas weniger steile Hänge von Kerbtälern, die vom Wasser, nicht vom Eis geschaffen worden waren. Dabei rodete man einzelne Landstücke und entfernte alles Holz, das zum Bauen oder Heizen geeignet war. Den Rest beließ man auf der Fläche und zündete ihn an. Zurück blieb die Asche, in der zum Beispiel Kalium und Magnesium enthalten waren. Beide Minerale düngten das Land. Danach wurde Korn eingesät, und dies wurde wenige Jahre lang wiederholt. Eventuell ließ man noch das Vieh eine Zeitlang auf den Brandäckern grasen, dann überließ man das Land für etwa zwei bis drei Jahrzehnte sich selbst, mit der Folge, dass Gehölzpflanzen in die Höhe wuchsen, die man anschließend erneut rodete. Der Kreislauf aus Ackerbau, Weidenutzung und Waldentwicklung begann von neuem. Eine Form von Brandwirtschaft wurde beispielsweise in der Steiermark betrieben. Spuren im Gelände weisen auf eine Anwendung dieser Ackermethode auch in den Westalpen und in Tirol hin. Außerdem können die zahlreichen Ortsnamen, die einen Hinweis auf das Reuten enthalten, darauf verweisen. Reuten ist eine andere Bezeichnung für das Betreiben von Brandrodung. Solche Ortsnamen findet man vor allem am Nordrand der Alpen, in Oberbayern (Reit im Winkel), in Tirol (Reutte in Tirol, Nassereith, viele Orte in der Gegend heißen einfach Reit oder Reith) und in der Schweiz (Rütli).

Die Bewohner der Alpen hatten bereits in römischer Zeit verschiedene Namen erhalten: Helveter oder Helvetier, Raeter oder Noriker. Im Lauf des Mittelalters entwickelten sich weitere Namen, die zum Teil für die Identitätsstiftung wichtig wurden. Tirol beispielsweise ist ein Herrschaftsgebiet; die Herren von Tirol regierten ihr Land von der Burg Tirol aus, die oberhalb von Meran in Südtirol gelegen ist.

Die Herkunft des Namens Schweiz ist schwerer zu erklären; er wurde zur Bezeichnung eines Landes, das zu römischer Zeit Helvetia genannt worden war. Aber in allen umliegenden Ländern werden heute der mittelalterliche Name oder Abwandlungen davon verwendet: Svizzera, Suisse, Switzerland. Der Name geht auf einen der Urkantone der Schweiz, nämlich Schwyz, und seinen gleichnamigen Hauptort zurück. Damit ist er aber noch nicht erklärt.

Wie Sprachhistoriker vermuten, könnte der Ortsname Schwyz etwas mit der indogermanischen Silbe «sweit-» zu tun haben, die «sengen» oder «brennen» bedeutet. Demnach würde der Ortsname auf eine Rodung hinweisen. Im hohen Mittelalter gab es aber außerdem noch ein Phänomen, das eine ähnliche Bezeichnung hatte. Etwa im 12. und 13. Jahrhundert wurden im Alpenraum zahlreiche Höfe gegründet, die man in den westlichen Alpen Schweigen oder weiter östlich Schwaigen nannte. Das waren Viehhöfe, die von einem Schweiger oder Schwaiger, dem Viehbauern, geleitet wurden. Eine Ähnlichkeit der Worte Schweiger und Schweizer ist nicht von der Hand zu weisen, zumal derjenige, der in späteren Zeiten auf großen Gutshöfen für die Viehhaltung verantwortlich war, als Schweizer bezeichnet wurde – und das auch in Regionen, die weit von der Schweiz entfernt lagen. Bald nach der einsetzenden Unabhängigkeit der Schweizer Urkantone übernahmen reiche Viehbauern die Führung in der neu entstehenden Eidgenossenschaft. Das Halten von Vieh wurde als ein besonderes Merkmal der Menschen aus dem Inneren der Schweiz erkannt; sie waren damit die Schweizer, die Viehbauern.

Die Schwaighofkolonisierung könnte mit der sogenannten Walserkolonisierung im Alpenraum in Verbindung gestanden haben. Alemannische Bauern sollen aus dem Wallis in andere Alpenregionen gezogen sein und dort ebenfalls Viehhöfe errichtet haben, die in größeren Höhen als die schon zuvor bestehenden Siedlungen ihre Plätze fanden. Auf diesen Besiedlungsvorgang sollen die Benennungen des Großen und des Kleinen Walsertals zurückzuführen sein. Es gibt unter anderem sprachgeschichtliche Indizien für die Richtigkeit dieser Theorie.

In den folgenden Jahrhunderten entstand ein großes Staatsgebilde im Alpenraum, das sich von den anderen unterschied. Der Kern der Schweiz lag im Gebirge, nur wenige Teile des Landes befanden sich außerhalb davon. Dagegen lagen nur kleine Teile des Habsburgerreiches beziehungsweise Österreich-Ungarns, des Deutschen Reiches, später Deutschlands, Frankreichs und in späterer Zeit Italiens im Alpenraum. Die Alpenregionen dieser Länder sind immer in größere Wirtschaftsräume eingebettet gewesen. Die Schweiz aber isolierte sich davon. Sie wählte eine Entwicklung, die viele Probleme verursachte, die dem Alpenland aber auch besondere Bewunderung einbrachte, und das ist bis heute so geblieben.

6. Die Schweiz, ein besonderes Land

Aus der Sicht der Menschen, die in den aufstrebenden Zentren Norditaliens oder in Süddeutschland lebten, lagen die Alpen immer am Rand. Sie wurden als schier unüberwindbare Wand empfunden, viele Berggebiete waren nicht nutzbar, und es wurde lange Zeit auch kein Grund darin gesehen, die Gipfel zu erklimmen. Es gibt nur wenige Nachrichten über frühe Alpenbesteigungen. Francesco Petrarca, der mit seinem Vater von Italien aus nach Avignon – im 14. Jahrhundert die Stadt der Päpste – gekommen war, erreichte 1336 den Gipfel des Mont Ventoux in den Provençalischen Alpen. Vom Gipfel aus nahm er die Landschaft unter sich in ganz neuer Weise wahr: Einige ihrer physischen Gegebenheiten waren unmittelbar sichtbar, andere konnte man nur erschließen. Ideen über unsichtbare Gegenden bezog er dennoch in seine Beschreibung der Landschaft ein. Über einhundert Jahre später, 1492, seltsamerweise in demselben Jahr, in dem Christoph Kolumbus Amerika entdeckte, wurde der Vorstoß eines weiteren Menschen in bis dato unerschlossene Räume der Bergwelt dokumentiert. Der französische König Charles VIII. ordnete nämlich an, dass der Mont Aiguille bei Grenoble, der als «Mons Inaccessible» galt, bestiegen werden müsse. Einer seiner Untergebenen, Antoine de Ville, führte den Befehl aus. Beide Besteigungen eines Berges in früher Zeit, von denen wir Kenntnis haben, gingen von der städtisch geprägten Welt im Umland der Alpen aus.

Im Gebiet der heutigen Schweiz, inmitten der Alpen gelegen, gab es dagegen im Mittelalter und in den Jahrhunderten danach kein dokumentiertes Interesse an Alpenbesteigungen. Eine auf besondere Weise ländlich geprägte Gesellschaft trennte sich von der benachbarten Welt und ging in vieler Hinsicht Sonderwege. Der Legende nach waren es Bauern oder Sennen, die sich im Jahr 1291 auf dem Bergeshang des Rütli trafen, einer Wiese oder doch eher einem Hang, auf dem Brandwirtschaft betrieben worden war, und den Rütlischwur leisteten, mit dem sie sich von der als tyrannisch empfundenen Herrschaft der Habsburger zu lösen begannen. Die Bauern kamen aus den Urkantonen Schwyz, Uri und Unterwalden, aus dem die beiden Halbkantone Nidwalden und Obwalden hervorgingen. Ihr Treffpunkt lag oberhalb des Sees, den man später Vierwaldstätter See nannte. Ursprünglich nannte man ihn öfter Luzerner See; seinen späteren Namen bekam er, weil er inmitten der «vier Waldstätten» – der vier Urkantone – der Schweiz lag. Einer von ihnen, Luzern, kam aber erst 1332 hinzu.

Der legendäre Wilhelm Tell und seine Bundesgenossen waren nur in der romantisierenden Phantasie späterer Jahrhunderte echte Bauern oder Sennen. Ihre Wohnorte im Tal lagen an der seit dem 13. Jahrhundert besonders wichtigen Alpenstraße über den Gotthard, die durch den Bau der Teufelsbrücke in der Schöllenenschlucht gut passierbar geworden war. Über diese Straße hatten sie sehr guten Kontakt zur Außenwelt mit ihren Märkten, wo sie ihre landwirtschaftlichen Produkte, vor allem Käse, absetzen konnten. Zu einem weiteren haltbaren Handelsgut, das auf dem langen Weg von den Dörfern in die Städte nicht verdarb, wurde Trockenfleisch, vielleicht nach Art des Bündnerfleisches. Ein solches Produkt wurde in früherer Zeit nicht nur in Graubünden, sondern auch andernorts in den Alpen hergestellt. Auf dem Weg zu den Märkten konnten die Schweizer Bauern der Urkantone auch den See zwischen Altdorf und Luzern sehr gut nutzen. Gewässer waren damals die besten Handelswege. Ein See bot besondere Vorteile, weil man auf ihm in alle Richtungen unterwegs sein konnte.

Sennerei, also Almwirtschaft und Käseherstellung, war eine Stütze der Wirtschaft. Im Lauf der Zeit nahm die Bedeutung von Schafen und Ziegen, im Alpenraum häufiger Geißen genannt, ab, und die Schweizer Sennen setzten mehr auf die Haltung von Rindern. Darin unterschieden sie sich von den Hirten am Mittelmeer, bei denen Schafe und Ziegen ihre große Bedeutung behielten. Kühe gaben mehr Milch; daher brachte ihre Haltung wirtschaftliche Vorteile mit sich. Kleine Siedlungen in den Tälern nahmen ein städtisches Gepräge an, weil dort die Märkte lagen und mehrstöckige Steinhäuser gebaut wurden, beispielsweise in Schwyz. Die städtische Komponente der Eidgenossenschaft wurde dadurch stärker, dass nach Luzern 1351 auch Zürich und zwei Jahre darauf Bern der Eidgenossenschaft beitraten. Ihr gehörten nun ländliche und städtische Gebiete an. So wurde die Keimzelle dafür gelegt, dass es später nicht nur zu einem wirtschaftlichen Austausch, sondern auch zu einem Austausch an Ideen zwischen städtischer und ländlicher Bevölkerung kommen konnte.

Üblicherweise befassten sich im Mittelalter Frauen mit der Viehhaltung; sie hüteten und molken die Tiere. Damals kümmerten sich die Männer um den Ackerbau. In der Schweiz war das anderes. In der dortigen marktorientiert handelnden bäuerlichen Gesellschaft musste der Umfang des Ackerbaus nicht über die zur Eigenversorgung betriebene Subsistenzwirtschaft hinaus anwachsen. Aber die umso wichtigere Viehhaltung wurde im Land der Eidgenossen von Männern betrieben. Überschüsse, die man bei der Viehhaltung erzielte, konnte man gegen Korn aus anderen Regionen eintauschen. Die Nachbarn der Schweizer spotteten über die Viehbauern, und man sagt, dass möglicherweise besondere Sportarten zur Betonung der Männlichkeit Schweizer Viehhirten eingeführt wurden. Sie werden seit Jahrhunderten mit der Eidgenossenschaft in Verbindung gebracht: «Schwingen» ist mit dem Ringen verwandt, «Hornussen» eine Abart von Basketball, und beim «Steinstossen» muss ein schwerer Stein bewegt werden, beispielsweise der über 83 Kilogramm schwere Unspunnenstein bei Interlaken.

Feste, die mit Sportwettbewerben verbunden sind, haben seit Jahrhunderten große Bedeutung in der Schweiz. Dort trafen sich auch die verschiedenen Dorfschaften, die sonst eher isoliert in separaten Alpentälern oder im Tal und auf dem Berg, auf den Almen, lebten. Die Kommunikation war nicht immer einfach.

Hirten zogen wohl über die Berge, blieben aber doch meist ihrer Talschaft verbunden. Wichtig für sie war, dass sie die Tiere zusammenhielten und ihnen gute Viehweiden zuwiesen. Schafe, Ziegen und Rinder zerstreuten sich oft über die gesamte Fläche der Almweiden, so dass die Hirten den Überblick verloren. Deshalb trugen die Tiere verschieden klingende Glocken. Es war die Kunst des Sennen, dass er jedes Tier über den Glockenklang orten und auch wiederfinden konnte, wenn es sich verlaufen hatte. Diese Glocken fielen bereits frühen Alpenbesuchern auf, unter anderem Johann Wolfgang von Goethe. «Die braune Liesel kenn ich am Geläut», sagt der Hirtenbube Seppi zum Hirten Kuoni in der einleitenden Szene zu «Wilhelm Tell» von Friedrich Schiller, die den Zuschauer mit der landschaftlichen Kulisse der späteren Handlung bekannt macht. Unterschiedlich große Kuhglocken spielen auch in dem bekannten Schweizer Kinderbuch vom Schellenursli von Selina Chönz und Alois Carigiet aus dem 20. Jahrhundert eine wichtige Rolle: Im Engadin vertreiben traditionell Kinder am 1. März den Winter, indem sie mit umgehängten Glocken durch die Straßen ziehen. Der Ursli hat nur eine kleine Glocke bekommen und muss im Umzug als Letzter gehen; seine Kameraden hänseln ihn dafür. Der Junge beschließt daraufhin, durch den tiefen Schnee zum Maiensäß zu gehen, wo eine große Glocke hängt. Die bringt er trotz aller Gefahren erfolgreich ins Dorf und darf dann den Umzug anführen.

Die Hirten verständigten sich untereinander durch eine besondere Gesangstechnik, das Jodeln. Sie gaben dadurch ihre Aufenthaltsorte an oder teilten mit, dass es ihnen gut ging. Jodler hört man kilometerweit. Auch ein besonderes Instrument konnte man aus größerer Entfernung wahrnehmen: das Alphorn. Es besteht zwar aus Holz, ist aber ein Blechblasinstrument. Ursprünglich stellte man die großen Hörner aus einem einzigen Fichtenstamm her. Er musste an einem Steilhang gewachsen sein: Dort kommen die Stämme gebogen aus dem Boden hervor und richten sich dann senkrecht in die Höhe. Höhlt man einen solchen Stamm aus, der zum Hausbau nicht geeignet ist, erhält man die Form des Alphorns: eine lange gerade Röhre mit einer Biegung, die auf dem Boden aufliegt und an der sich das Rohr nach oben wendet.

Obwohl der Tausch von «Käse gegen Korn» über die Märkte funktionierte, bauten die Bergbauern zum Eigenbedarf doch immer Korn an. Wenn die Mengen nicht ausreichten, kaufte man Getreide auf dem Markt dazu. Oder man streckte das Mehl mit anderen Lebensmitteln, etwa mit Hasel- und Walnüssen, die man im Wald sammelte oder vom Nussbaum vor dem Bauernhaus erntete. In den Kastanienhainen fand man Esskastanien, deren Mehl man dem Getreidemehl ebenfalls beimengen konnte. Getrocknete Weinbeeren, auch kleine getrocknete Birnen, die man an den Bäumen vor den Häuserfronten gepflückt hatte, kamen ins Brot. Oder man mischte zerkleinerte Gelbe Rüben in das Mehl einer Torte, die man «Rüeblitorte» nannte. Alle diese Formen von Gebäck entstanden ursprünglich aus einer Not heraus, nämlich dem Mangel an Korn. Doch heute sind Birnenschnitzbrot, Früchtebrot oder Nussbrote aus der Schweiz gesuchte Spezialitäten.

In den von Händlern und Bürgern dominierten Städten Zürich und Bern, in denen – im Gegensatz zu den Schweizer Urkantonen und den meisten anderen Regionen der Alpen – früh die Reformation eingeführt wurde, wuchs derweil das Interesse an den Wurzeln der Schweiz. Das führte einerseits dazu, dass die Gründungslegende der Eidgenossenschaft immer weiter ausgeschmückt wurde. Andererseits wuchs im Bürgertum auch das Interesse, die Schweiz wissenschaftlich zu erforschen.

Schon bald nach der Einführung der Reformation widmete sich Conrad Gessner (1516–1565) der Naturforschung, im folgenden Jahrhundert dann Johann Jacob Wagner (1641–1695). Dessen Schüler, der Züricher Arzt und Naturforscher Johann Jakob Scheuchzer (1672–1733), interessierte sich für die Entstehung der Alpen und die Landeskunde der Schweiz. Seine Theorie, dass die Versteinerungen von Meerestieren in großen Höhen der Alpen Beweise dafür seien, dass der Meeresspiegel einst erheblich höher gelegen und die Sintflut die Alpen überspült habe, konnte bald widerlegt werden. Aber viel größere Auswirkungen auf die naturkundliche Forschung künftiger Zeiten hatte seine Sammlung von 189 «Fragen, so zu Erforschung der Natur des Schweizerlands angesehen». Scheuchzer veröffentlichte sie 1699. Darin ging es um naturkundliche genauso wie im weitesten Sinne volkskundliche Fragen, um Aufdeckung von Aberglauben, um Krankheiten der Tiere, um bestimmte

Nahrungsgewohnheiten, die man alle untersuchen solle, um ein vollständiges Bild der Schweiz und ihrer Besonderheiten zu erhalten. Scheuchzer selbst veröffentlichte in den Jahren nach 1706 eine «Beschreibung der Natur-Geschichten des Schweizerlands».

Es folgten weitere Darstellungen der Schweiz, auch von Scheuchzer selbst. Zu den besonders berühmten Werken gehört das lange Lehrgedicht «Die Alpen» des Berner Dichters, Arztes und Naturwissenschaftlers Albrecht von Haller (1708–1777), das dieser erstmals 1729 veröffentlichte. Darin geht Haller auf bestimmte Pflanzen und Tiere, auf die Landschaften und Menschen der Alpen ein. Das Gedicht faszinierte seine Zeitgenossen und Nachfahren und trug dazu bei, dass viele von ihnen den Wunsch empfanden, in die Schweiz zu reisen und mit eigenen Augen zu sehen, was Haller geschrieben hatte. Haller beschrieb in einer späteren Abhandlung die Höhenstufen der Alpen und ihre charakteristischen Pflanzen: «Helvetien stellt beinahe alle Länder von Europa, von dem entfernten Spitzbergen weg bis nach Spanien vor.» Haller hatte bemerkt, dass arktisch-alpine Pflanzen ganz in der Nähe von solchen wuchsen, die für das Mittelmeergebiet typisch waren. Seine Idee, die einzelnen Höhenstufen voneinander abzugrenzen, wurde zu einer Grundlage für Alexander von Humboldt, der schließlich in Äquatornähe den Chimborazo bestieg und dort alle Höhenstufen der Vegetation vom tropischen Regenwald bis zum ewigen Schnee fand. Alle Gebirge der Erde wiesen vergleichbare Höhenstufen auf, und Alexander von Humboldt zeichnete nach seinen Reisen die Höhenstufen verschiedener Gebirge nebeneinander. Es gab sie gesetzmäßig überall, nur der geographischen Breite entsprechend in unterschiedlichen Höhen. Spätestens jetzt sprach man von einer «alpinen Stufe» der Landschaft und Vegetation, und damit war überall auf der Welt die dicht von Gras, bunten Kräutern und Zwergsträuchern bewachsene Region oberhalb der Waldgrenze gemeint. Die Idee der Höhenstufenzonierung von Vegetation hatte aber unter anderem Albrecht von Haller entwickelt, und dies, als er dem Auftrag von Scheuchzer folgte, die Natur des Schweizerlandes genauer zu erforschen.

Einer, der auf den Spuren Albrecht von Hallers in die Alpen kam, war Johann Wolfgang von Goethe. Er aß dort den «trefflichen Käse» und genoss die Landschaft. Goethe wanderte auf Wegen, die klassisch für erste sogenannte Touristen wurden. Deutsche, Franzosen, Engländer und andere unternahmen ihre «Grand Tour», eine Art Bildungsreise, in den Süden: Vor allem die Schweiz und Italien waren ihre Ziele.

Viele andere Impulse für die aufkommende exakte Naturwissenschaft gingen von der Schweiz aus. Goethe dachte intensiv über das Phänomen nach, dass Gestein aus den Alpen und aus Nordeuropa weit verfrachtet worden war, und er war nahe davor, die Ursache zu finden: Gletscher mussten diese Steine, sogenannte erratische Blöcke, verschoben haben, und zwar in einer Zeit mit sehr niedrigen Temperaturen. Es musste also eine «Eiszeit» gegeben haben, in der sich Gletscher vom Gebirge ins Umland ausgebreitet hatten. Dies stellte zuerst der Schweizer Ignaz Venetz 1821 klar. Gemeinsam mit Louis Agassiz, Johann von Carpentier und Karl Friedrich Schimper begründete er damit die Lehre von der Eiszeit. Sie alle hatten an Gletscherspuren in der Schweiz gearbeitet.

Maler, Dichter und Philosophen befassten sich mit der Schweizer Natur. Diese hatte zuvor als abweisend gegolten, nun war man davon fasziniert. Die Schweizer Berge und Schluchten galten jetzt als erhaben oder sublim. Man hatte sie zu fürchten, aber darin lag auch ihr besonderer Reiz. Diese Gedanken griff beispielsweise Jean-Jacques Rousseau in dem Roman «Julie oder die neue Héloïse» auf, der seinerzeit ein europäischer Bestseller war. Als «erhabene Landschaften» galten vor allem die Berge der Schweiz. Adrian Zingg (1734–1816) und Anton Graff (1736–1813), zwei Schweizer Maler, wurden an die 1764 gegründete Kunstakademie nach Dresden berufen. Vor allem Adrian Zingg befasste sich mit Landschaftsmalerei, und er entdeckte, dass man auch im Elbtal oberhalb von Dresden schöne Landschaften malen könne. Zingg und Graff nannten daraufhin dieses Tal mit den seltsamen Bergen des Elbsandsteingebirges «Sächsische Schweiz». Der von der Schweiz beeinflusste Blick auf Landschaft hat auch die weitere Wirkung der Dresdner

Kunstakademie beeinflusst, etwa in der Zeit, in der Caspar David Friedrich, Johan Christian Dahl und Carl Gustav Carus in Dresden tätig waren. In der Nachfolgezeit entdeckte man immer mehr spektakuläre und malerische Landschaften und nannte sie ebenfalls «Schweiz»: Holsteinische, Mecklenburgische, Fränkische Schweiz.

Die Schweiz galt aber noch in anderer Hinsicht als Faszinosum. Die Stadtbewohner hatten die Gründungslegende der Eidgenossenschaft immer weiter ausgemalt: Wilhelm Tell wurde zu einer wichtigen Sagengestalt, einer Heldenfigur. Er wurde nicht nur dafür bewundert, dass er gewissermaßen der Gründer der Schweiz war, sondern auch, dass er sie vom Joch der Habsburger befreit hatte. Das faszinierte Friedrich von Schiller, der sich zuvor intensiv mit dem Abfall der Niederlande von Spanien befasst hatte – dabei ging es auch um die Loslösung eines Landes vom Riesenreich der Habsburger. Allerdings hatte sich die Schweiz schon viel früher als die Niederlande vom Reich der Habsburger getrennt, und das auch noch, ohne einen langen Krieg zu führen. Schiller las Darstellungen seiner Zeitgenossen, in denen die Gestalt des Tell bereits verklärt worden war, und er hörte dazu die Erzählungen Goethes aus der Schweiz; selbst war Schiller nie im Lande Tells gewesen. 1804, kurz vor seinem Tod, wurde Schillers Drama «Wilhelm Tell» uraufgeführt und hatte eine enorme Wirkung. Viele seiner Zuschauer und Leser wünschten sich in den folgenden Jahren, als im Wiener Kongress 1815 Europa neu geordnet wurde, dass sich Deutschland ebenfalls vom Habsburgerreich trennen sollte. Auch in Italien, dessen nördlicher Teil unter Habsburger Herrschaft stand, wünschte man sich eine staatliche Unabhängigkeit.

Beim Wiener Kongress wurde eine solche Loslösung von Habsburg nicht beschlossen. Aber für dieses Ziel kämpften viele Deutsche und Italiener, etwa in den Revolutionen von 1830. Vor allem die Deutschen bewunderten die Schweiz, und das Alpenland wurde nun aus vielen Gründen immer wieder besucht: wegen seiner landschaftlichen Schönheiten, der wissenschaftlichen Phänomene, die sich dort untersuchen ließen, und auch aus dem Motiv politischer Verklärung heraus.

Abb. 14: Richard Kissling, Denkmal für Alfred Escher von 1889, über ihm die Helvetia an der Südfassade des Züricher Hauptbahnhofs, ihm zu Füßen der mit Gotthard bezeichnete Ureinwohner der Schweiz

Man baute Schweizer Häuser als Symbole in Gegenden, die fernab von der Schweiz lagen, etwa in Rödelheim bei Frankfurt oder am Rand des Gartenreiches Dessau-Wörlitz. Auch am Comer See entstand 1830 eine «Casa Svizzera», zur gleichen Zeit, als Rossinis «Guillaume Tell» zum ersten Mal in Mailand aufgeführt wurde und sich dort die Bevölkerung gegen die Habsburger erhob. Erst Jahrzehnte später waren diejenigen, die eine Loslösung von Habsburg propagierten, zuerst in Italien, dann auch in Deutschland am Ziel. 1861 wurden die Lombardei und andere Teile der Südalpen zu Teilen des neuen Königreichs Italien, im Lauf der Zeit kamen weitere Gebiete hinzu. Und 1871 wurde das von Österreich separierte Deutsche Kaiserreich proklamiert. Italiener und Deutsche hatten also endlich eine staatliche Unabhängigkeit von Österreich geschaffen – ebenso wie die Schweizer, denen das bereits im Mittelalter gelungen war.

Vor allem Züricher Bürgern gelang es im 19. Jahrhundert, ihre Stadt und ihre Umgebung mit glorreichen Traditionen der politischen und landschaftlichen Geschichte zu verknüpfen. Der Naturwissenschaftler Oswald Heer veröffentlichte 1865 in seiner «Urwelt der Schweiz» eine Rekonstruktion der eiszeitlichen Landschaft am Zürichsee; rasch wurde sie zum Modell für andere Illustrationen von eiszeitlichen Gletschern. In den 1850er Jahren hatte man im Zürichsee Reste jungsteinzeitlicher Pfahlbauten gefunden, anhand derer man sich ein Bild davon machen konnte, wie sich Menschen – man hielt sie für Schweizer – seit Urzeiten bis heute entwickelt hatten. Man verglich die prähistorischen Baureste mit zeitgenössischen Bauwerken in der Südsee und verklärte sie zu Elementen des Paradieses.

Die Schweizer Literatur des 19. Jahrhunderts stellte Zusammenhänge zwischen Tradition und Modernität her. Conrad Ferdinand Meyer (1825–1898) etwa schrieb Romane über Jürg Jenatsch und andere Alpenbewohner. Die Geschichten seines Zeitgenossen Gottfried Keller (1819–1890) spielten eher in der Nordschweiz, außerhalb der Alpen. In «Uli, der Knecht» und «Uli, der Pächter» von Jeremias Gotthelf (1797–1854) ist beschrieben, wie man vom Knecht zum wohlhabenden Bauern aufstieg. Und Johanna Spyri (1827–1901) brachte mit ihrem Roman von «Heidi» weltweit Millionen von Kindern die Bergwelt der Almen nahe. In den folgenden Jahrzehnten dann bestimmten grandiose Schweizer Landschaftsmaler das Bild des Landes und das Bild der Alpen, darunter Ferdinand Hodler (1853–1918), Giovanni Segantini (1858–1899) sowie Giovanni (1868–1933), Augusto (1877–1947) und Alberto Giacometti (1901–1966).

Exemplarisch wird die Verbindung zwischen Alt und Neu am Denkmal für Alfred Escher (1819–1882) vor dem Züricher Hauptbahnhof deutlich, das 1889 von Richard Kissling geschaffen wurde. Alfred Escher, zu dessen Hauslehrern der Schweizer Pflanzengeograf und Geologe Oswald Heer zählte, hatte eine sehr große Bedeutung als Politiker, Finanzexperte, Eisenbahnbauer und Gestalter des liberalen Lebens der Stadt. Man hat den Eindruck, dass Escher von der Göttin Helvetia geheiligt wird, die über dem Südportal des Bahnhofs thront. Auf dem Denkmal selbst huldigen die Alpenbewohner dem Dargestellten, einer von ihnen ist mit «Gotthard» bezeichnet. Escher veranlasste, den Gotthard zu untertunneln und damit eine der ersten wichtigen Ferneisenbahnlinien über die Alpen bauen zu lassen.

7. Musik, Krippen, Dirndl und Lederhosen

Dieses Kapitel ist kurz, aber wichtig. Darin geht es um Musik, Krippen und Trachten, die vor allem mit dem Ost- und Südalpenraum in Verbindung zu bringen sind.

Musik gemacht wurde keineswegs nur in der Schweiz. In anderen Bereichen der Alpen, vor allem in deren katholischen Teilen im Osten und Süden, gibt es seit Jahrhunderten eine große Vielfalt an Volksmusik, überwiegend in Dur-Tonarten und zweistimmig in Terzabständen gesungen. Die einfachen Strukturen dieser Musik machten es möglich, dass Menschen sehr schnell zueinander fanden und gemeinsam Musik machen konnten. Sie kannten die Abfolgen der Melodien und Harmonien. Gejodelte Passagen ließen sich in die Musikstücke integrieren. Wurde die Musik im Freien oder im Wirtshaus dargeboten, wurde oft dazu getanzt. Aber es gab auch Formen von Stubenmusik oder Stubenmusi, zu der sich ursprünglich Menschen ohne Publikum trafen und die sehr viel leiser ist als die Musik, die zum Tanz aufgespielt wird, zum Landler oder Ländler, zum Walzer oder zur ursprünglich aus dem Osten, dem slawischen Bereich stammenden Polka. Die österreichische Volkstanzbewegung gehört, weil sie weltweite Bedeutung bekommen hat, zum Immateriellen Weltkulturerbe der UNESCO.

Ursprünglich wurde vor allem gesungen, dazu spielte man einfache Instrumente, die man oft mit Hirten in Verbindung bringt, etwa Flöten oder Schalmeien. Das Hackbrett, Lauten, Mandolinen und Gitarren, auch das Alphorn, das man nicht nur in der Schweiz kannte, kamen im späten Mittelalter oder in der frühen Neuzeit dazu, weitere Blechblasinstrumente, seit dem 18. Jahrhundert die Klarinette und – erst im 19. Jahrhundert – die Zither. Noch später hinzugefügt wurden das Akkordeon und verwandte Instrumente. Die heute bekannte alpenländische Volksmusik kam erst im 20., allenfalls im 19. Jahrhundert auf und entstand überwiegend unter dem Einfluss des aufkommenden Tourismus. Sie wurde gewissermaßen zu einem wichtigen Exportgut der Alpenländer. Sehr bekannte Gruppen wie die Oberkrainer aus Slowenien sind auch in ihrer Art, wie sie Musik machen, junge «Erfindungen». Sie bauen auf alten Traditionen auf, haben aber selbst nur eine kurze Geschichte.

Volksmusik und Volkstanz vor allem der Ostalpen werden in besonderer Kleidung aufgeführt, dem kunstvoll geschneiderten und bestickten Dirndl und der Leder- oder Seppelhose. Auch die Besucher der Konzerte kommen in dieser besonders in Bayern, Österreich und Slowenien bekannten Tracht, die weltweit berühmt wurde. In ihrer heutigen Form sind diese Kleidungsstücke aber recht moderne Erfindungen aus dem späten 19. Jahrhundert. Dirndlkleider, wie man sie heute kennt, wurden unter anderem in dem heute noch bekannten Münchner Volkskunsthaus verkauft, das 1890 von den Brüdern Moritz und Julius Wallach gegründet wurde. Sie waren jüdische Kaufleute aus Bielefeld. Wie viele andere Elemente von angeblicher «Volkskunst» handelte es sich dabei um reine Erfindungen in einer Zeit, in der sich viele Menschen aus den ländlichen Regionen in die Städte begaben und dort ein urbanes Leben begannen. Die gesamte klischeehafte Welt der «ursprünglichen Alpen» mit ihren Musikstücken, Tänzen und Trachten wurde in der Operette «Im weißen Rößl» von Ralph Benatzky präsentiert. Das Stück spielt am Wolfgangsee im Land Salzburg und wurde 1930 keineswegs im Alpenraum, sondern in Berlin uraufgeführt. Es wurde zu einem weltweiten Erfolg.

Alpenländische Volksmusik stand immer im Austausch mit der sogenannten ernsten oder klassischen Musik, für deren Darbietung sich vor allem im Ostalpenraum und dessen Umgebung weltberühmte Zentren entwickelten: Venedig, Mailand, Wien, Innsbruck, Salzburg. Komponisten wie Joseph Haydn (1732–1809), Wolfgang Amadeus Mozart (1756–1791), Franz Schubert (1797–1828) oder die Wiener Walzerkomponisten griffen Motive aus der alpenländischen Volksmusik auf.

In einigen Regionen der Alpen und in deren Umland werden seit Jahrhunderten Streichinstrumente gebaut. Geigenbau hängt vom Vorkommen bestimmter Holzarten ab. Man braucht vor allem das Holz von Fichten und Ahorn, dazu Obstbaumholz; ursprünglich nahm man meistens Birnenholz. Besonders geschätzt ist Holz, das von langsam gewachsenen Fichten stammt: Sie wuchsen auf mineralstoffarmem Untergrund empor, etwa auf Steilhängen des Gebirges. In diesem Holz sind Jahrringe in sehr engen Abständen ausgebildet. Besonders gering war der Holzzuwachs von Fichten, die im späten Mittelalter und in der frühen Neuzeit wuchsen, in einer Zeit kühlen Klimas, die man auch als «Kleine Eiszeit» bezeichnet. Diese Bäume konnte man im 17. und 18. Jahrhundert schlagen. Ihr Holz wurde dann in besonders berühmte Zupf- und Streichinstrumente eingebaut. Viele der weltweit kostbarsten Violinen, Violen und Violoncelli stammen aus dem Alpenraum. Die sehr begehrten Instrumente der Geigenbaumeister Nicola Amati (1596–1684) und weiteren Mitgliedern seiner Dynastie, Antonio Stradivari (1644/48–1737) und seinen Nachfahren, Giuseppe Guarneri (1698–1744) und anderen wurden in Cremona hergestellt, etwa 30 Kilometer südlich der Alpen bei Brescia gelegen, andere stammen aus der gleichen Gegend, aus Mailand oder Turin. Berühmte Geigen stellte auch Jakob Stainer (1619–1683) in Absam in Tirol her, die Geigen aus der Familie Klotz, von Matthias Klotz (1653–1743) und seinen Nachfahren, stammen aus Mittenwald. Es gibt zahlreiche Fälschungen der Instrumente dieser Geigenbaumeister, die ganz einfach daran zu erkennen sind, dass ihr Holz breitere Jahrringe aufweist und also erst in einer späteren, wärmeren Zeit gewachsen ist. Denn das Klima verbesserte sich seit der frühen Neuzeit, und die Bäume wuchsen schneller. Das aber beeinflusst ihren Klang; derzeit wächst normalerweise gar kein Holz mit derart engen Jahrringen heran wie im späten Mittelalter, und deshalb kann man schon seit langer Zeit keine Streichinstrumente von der Qualität einer Stradivari mehr bauen.

Zwei Violinen, eine Viola und ein Violoncello bilden ein Streichquartett, eine besonders wichtige Form von Haus- oder Kammermusik, die vielleicht in einer gewissen Verwandtschaft zur Stubenmusik steht. Die ersten Streichquartette stammen aus

Abb. 15: Geigenbau in Mittenwald

Musikzentren rings um die Alpen: Joseph Haydn (1732–1809) schrieb sie in Wien, Luigi Boccherini (1743–1805) in Mailand.

Viele Formen von Musik entwickelten sich aus dem gemeinsamen Singen und dem Spielen sehr unterschiedlicher Instrumente im Alpenraum und dessen Umgebung. Auch das berühmteste Weihnachtslied der Welt stammt aus dieser Gegend: «Stille Nacht, heilige Nacht» wurde von Franz Xaver Gruber (1787–1863) komponiert und zum ersten Mal an Weihnachten 1818 in dem kleinen Städtchen Oberndorf bei Salzburg aufgeführt.

Man hört dieses Lied und denkt an geschnitzte Krippen, eine weitere Berühmtheit des Salzburger Landes, von Tirol und Bayern. Die Vorbilder dieser Krippen dürften aus Neapel stammen. Man stellte sie am Nordrand der Alpen seit dem Beginn des 17. Jahrhunderts auf, zunächst in den Kirchen, später wurden sie aus diesen zeitweise verbannt, und dann baute man sie in Privathäusern auf, oft unter dem Christbaum. Ganz ähnlich ist die Geschichte der «Santons», der aus Terrakotta hergestellten Krippenfiguren aus der Provence, also aus dem äußersten Südwesten der Alpen und aus deren Vorland. Die Figuren, die kleiner sind als die meisten geschnitzten Krippenfiguren aus dem Osten des Hochgebirges, werden seit der Zeit um 1800 hergestellt, als unter dem Einfluss der Französischen Revolution in den Kirchen keine großen Krippen mehr aufgestellt werden durften.

Im Ostalpenraum gab es einen weiteren Nationalhelden, den man Wilhelm Tell an die Seite stellen kann, obwohl sein Freiheitskampf im Gegensatz zu dem des Tell in die Katastrophe führte. Der Sandwirt aus St. Leonhard im Südtiroler Passeiertal, Andreas Hofer (1767–1810), erhob sich gegen die Besatzung durch die Truppen Napoleons und wurde in Mantua erschossen. Das Andreas-Hofer-Lied wird bis heute unter anderem von Stubenmusi-Gruppen angestimmt.

Die Zahl älterer literarischer Werke über die Alpen, die nicht die Schweiz zum Thema haben, ist erstaunlicherweise gering. Der Roman «Die Verlobten» von Alessandro Manzoni (1785–1873) spielt in den Südalpen. Ein sehr lebendiges Porträt der Steiermark in den Ostalpen schuf der Dichter Peter Rosegger (1843–1918); besonders weite Verbreitung erreichten seine Kindheitserinnerungen «Als ich noch der Waldbauernbub war».

Schließlich muss noch erwähnt werden, dass den Alpen eine ganze Symphonie gewidmet wurde, nämlich ein bekanntes Werk des spätromantischen Komponisten Richard Strauss (1864–1949), die 1915 erstmals aufgeführte «Alpensinfonie». Das Musikstück soll auf ein Kindheitserlebnis des Komponisten zurückgehen, der sich im Gebirge verlaufen hatte und in ein Gewitter geriet. Teile dieser Symphonie greifen musikalische Klänge aus den Alpen auf; sogar Kuhglocken kommen darin vor.

8. Die Erschließung der Alpen für den Tourismus

Immer mehr Menschen wollten die Alpen sehen, und immer mehr von ihnen wollten ebenso in die Berge und in den Süden reisen, dem Beispiel der Adligen und reichen Bürger folgend, die sich eine exklusive «Grand Tour» entweder «nur» in die Alpen oder auch in den Süden Europas, nach Italien, leisten konnten. Passwege wurden ausgebaut. Dabei wurden alte Saumwege, die einen möglichst geraden Verlauf über die Berge nahmen, durch serpentinenreiche Straßen ersetzt, die von Postkutschen und anderen Gespannen besser befahren werden konnten. 1772 wurde eine solche Straße über den Brenner fertig, den Pass, der am einfachsten zu befahren war, weil er nur eine geringe Höhe aufwies. 1805 folgte die Straße über den Simplon, und 1830 wurde die Passroute über den Gotthard so weit ausgebaut, dass zwei Gespanne sich begegnen konnten. Auf dieser Strecke fuhr bald regelmäßig die Gotthardpost über die Alpen. In ihren Kutschen konnten schließlich zehn Passagiere mitgenommen werden. Sie waren noch kein Massenverkehrsmittel, denn 1842 ging nur ein Kurs täglich in jede Richtung. 1857 fuhren aber schon 57 000 Passagiere in den Postkutschen mit.

Zum Massenverkehrsmittel wurde erst die Eisenbahn. Die Anlage einer Schienenstrecke über das Gebirge war eine große Herausforderung, denn schienengebundener Verkehr kann nur geringe Steigungen überwinden. Die Linien brauchten zahlreiche Kurven, Schleifen und Kehrtunnel. Die Alpengipfel und -pässe sind im Osten niedriger als im Westen. Daher ist es kein Wunder, dass die erste Eisenbahnstrecke ganz im Osten die Alpen querte: Es war die 1854 fertiggestellte Semmeringbahn, die Wien mit Triest, Venedig und Mailand verband. Anlass, sie zu bauen, hatten sicher auch militärische Erwägungen gegeben, denn es schwelte seit Jahrzehnten ein Konflikt mit der italienischsprachigen Bevölkerung in Norditalien, die eine Loslösung

Abb. 16: Alter Passweg und serpentinenreiche Straße aus dem 19. Jahrhundert am Gotthard

vom Habsburgerreich und die Gründung eines italienischen Staates verlangten. Für diesen Konflikt wurde die Bahn zu spät fertig; sie erreichte 1859 Mailand. Zur gleichen Zeit löste sich Norditalien von Österreich-Ungarn, und 1861 wurde das Königreich Italien proklamiert. Zunächst schloss sich die Lombardei in der westlichen Po-Ebene an Italien an, nach 1866 auch Venetien. In dem durch die Bewegung des Risorgimento, zu Deutsch «Wiedererstehung», neu gebildeten Königreich gab es aber auf diese Weise nicht nur Bahnlinien, die wie anderswo auf die Hauptstadt (seit dem Anschluss des Kirchenstaates an Italien 1870 Rom) ausgerichtet waren, sondern die wichtigen Wirtschaftszentren im Süden der Alpen, Venedig, Verona und Mailand, waren schon am Beginn des Eisenbahnzeitalters miteinander verbunden.

Zur Semmeringbahn gehören zahlreiche Viadukte und Tunnel, aber kein kilometerlanger Durchstoß durch einen Berg, mit dem man die Notwendigkeit umging, die Strecke über noch größere Höhen zu führen. Die Semmeringbahn wurde von Anfang an als technisches Wunderwerk, aber auch wegen der landschaftlichen Schönheiten bewundert. Man nannte daher andere Gebirgsbahnen nach dem Vorbild am Semmering. «Semmeringbahn» genannte Bahnstrecken gibt es auch in Sachsen, im Erzgebirge, in Schlesien und Böhmen sowie im Siegerland. Und seit 1998 gehört das «Original», die österreichische Semmeringbahn, zum Weltkulturerbe der UNESCO.

Ebenfalls keinen kilometerlangen Tunnel brauchte man zum Verlegen von Bahngleisen über den Brenner, der sich zu einem der wichtigsten Alpenquerungen im internationalen Bahnverkehr entwickelte. Nach seiner Fertigstellung 1867 verband er den Norden Tirols mit dem Süden, der damals noch Teil Österreichs war; 1920 wurde die Grenze zwischen Österreich und Italien über den Pass gelegt, und seitdem war der Brenner auch Zollstation.

Der erste lange Tunnel durch die Alpen ist der über zwölf Kilometer lange Mont-Cenis-Tunnel, der bei seiner Fertigstellung 1871 der längste Tunnel der Welt war. Er ermöglichte eine erhebliche Beschleunigung des Verkehrs zwischen Frankreich und

Abb. 17: Der Bau der Semmeringbahn, 1848–1854, zeitgenössische Lithographie

Italien und hatte auch für England große Bedeutung, weil man bei seiner Nutzung die Kolonien im Osten des Mittelmeers vom Mutterland aus schneller erreichte. Ein Jahr später wurde eine weitere Verbindung zwischen Frankreich und Italien fertig. Man konnte dann von Marseille nach Genua durchgehend die Bahn nutzen, die eigentlich aber nicht durch die Alpen, sondern an ihrem südlichen Rand und an der Mittelmeerküste entlangführt.

Nun erst wurden die Tunnel der Schweizer Zentralalpen gebaut, die noch länger als der Mont-Cenis-Tunnel waren. Der 1882 eröffnete Gotthardtunnel als Teil der sehr wichtigen Bahnstrecke von Zürich nach Mailand wurde etwas über fünfzehn Kilometer lang, und nun war er der längste Tunnel der Welt. In der Schweiz wurde dann eine nächste Alpen-Transversale über die Pässe Simplon und Lötschberg geführt. Der Simplontunnel wurde noch länger als der Gotthardtunnel, seine beiden Röhren sind beinahe zwanzig Kilometer lang. Auch der nördliche Teil der Route, die Bern mit dem Wallis verband, führte durch einen langen Tunnel, den 1913 fertiggestellten Lötschbergtunnel.

In Österreich wurde 1909 der acht Kilometer lange Tauerntunnel als Teil der Tauernbahn zwischen Salzburg und Klagenfurt in Betrieb genommen. Eine weitere Bahn in den Westalpen wurde 1928 fertiggestellt, die Tendabahn mit einem etwas über acht Kilometer langen Tunnel.

Über die Pässe und durch die langen Tunnel fuhren nun Expresszüge, die die städtischen Zentren nördlich und südlich der Alpen miteinander verbanden. Entlang der Strecken entwickelten sich aber auch erste Ferienzentren und ein beginnender Massentourismus. Dabei handelte es sich zunächst um die «Sommerfrische», also die Ferien in der warmen Jahreszeit, und um das Bergsteigen. Dazu fuhr man etwa aus der Metropole Wien mit der Bahn in die Orte am Semmering. Für die Touristen wurden zahlreiche Hotels und Gaststätten gebaut.

Einen Bauboom löste die Eröffnung der Bahnlinie nach Bad Gastein im Jahr 1905 aus. Der Kurort konnte bis dahin nur von einer kleinen Zahl von Besuchern erreicht werden, nun aber kamen die Massen. Im darauffolgenden Jahr wurde mit dem Bau des Grand Hotel de l'Europe begonnen, bis 1909 war das monumentale, zehn Stockwerke umfassende Bauwerk fertiggestellt.

Bergsteigen und Bergwandern waren auch die ersten Aktivitäten, die die Mitglieder des 1869 gegründeten Deutschen Alpenvereins verfolgten. Das wird an seinem Symbol deutlich, dem Edelweiß, einem Gewächs der Gipfelzone der Alpenberge, das so begehrt war, dass manch einer sein Leben dafür riskierte, eine der Pflanzen zu pflücken. Heute ist dies verboten: Edelweiß steht unter Naturschutz.

In der Schweiz entstanden erste Luftkurorte bereits unmittelbar vor dem Zeitalter der Eisenbahn. Das erste Sanatorium für Tuberkulosekranke in Davos wurde 1841 eröffnet. Ihm folgten weitere; Generationen von Kurgästen hielten sich in den Heilanstalten auf. Unter ihnen war 1903 Katia Mann; Thomas Mann (1875–1955) besuchte sie dort und schrieb – von Davos inspiriert – seinen Roman «Der Zauberberg». Dem Ort sind immer wieder literarische Denkmäler gesetzt worden, in jüngerer Zeit durch den Roman «The Gustav Sonata» von Rose Tremain (geboren 1943). Seit 1917 lebte der deutsche Maler Ernst Ludwig Kirchner (1880–1938) in Davos, zuletzt im Wildbodenhaus im Davoser Ortsteil Frauenkirch, wo er freiwillig aus dem Leben schied. Unter anderem malte er zahlreiche Alpenbilder, mit denen er ebenso wie Schweizer Maler das Bild der Alpen nachhaltig prägte. Ähnliche Heilstätten folgten an anderen Orten, aber keine wurden so bekannt wie die Sanatorien von Davos. Erste berühmte Hotels der Schweiz entstanden in den Städten. 1863 kam der Engländer Thomas Cook auf die Idee, seinen englischen Kunden Pauschalreisen in die Schweiz anzubieten. Die Reisen der «Touristen», die den Rhein entlang in die Schweiz und nach Italien zogen, nahmen damit einen neuen Charakter an.

Nun wurden auch die Schweizer Berge von der Eisenbahn erreicht. Besonders wichtig wurden die Strecken der Rhätischen Bahn. Von Landquart am Alpenrhein wurde 1889 Klosters, 1890 Davos erreicht. In der Zeit um 1900 wurden beinahe jährlich neue Bahnstrecken im Hochgebirge eröffnet, 1903 die nach Sankt Moritz. Nach und nach entstand ein ganzes Netz an schmalspurigen Bahnlinien, das überdies mit der Matterhorn-Gotthard-Bahn verknüpft wurde. Seit 1930 fährt der weltberühmte Glacier-Express von Zermatt unterhalb des Matterhorns über Visp und Brig im Wallis sowie Andermatt im Kanton Uri nach Chur und von dort auf der Albulabahn über den Landwasserviadukt nach Sankt Moritz. Diese spektakuläre Brücke wurde zu einem Symbol des gesamten Eisenbahnnetzes in den Hochalpen und damit auch zu einem Symbol der Alpen insgesamt. Die Albulabahn und die Berninabahn, die Sankt Moritz über Pontresina und das Puschlav mit Tirano, jenseits der Grenze in Italien gelegen, verbindet, wurden ebenso wie die Semmeringbahn ins Welterbe der UNESCO aufgenommen.

Überall an den Bahnstrecken entstanden Hotels; ihr Baustil wurde einerseits von englischen Hotels, andererseits vom Chalet, dem für typisch gehalten Schweizerhaus, beeinflusst. Die Bahnlinien und Kurorte wurden mit alpinen Hochlagen über

Bergbahnen verbunden. Sie sehen sehr unterschiedlich aus: Adhäsionsbahnen, Standseilbahnen und Zahnradbahnen fahren auf Schienen, andere Bergbahnen schweben an Seilen. Die erste Zahnradbahn der Welt wurde in den USA gebaut, wenig später, 1871, fuhr die Rigibahn zum ersten Mal auf den Alpengipfel oberhalb von Luzern. Ihr Zahnradsystem wurde von Niklaus Riggenbach (1817–1899) entwickelt und beim Bau vieler Zahnradbahnen verwendet. Auch Standseilbahnen gab es schon einige auf der Welt, als die erste derartige Bahn in den Alpen gebaut wurde: Dies war die Giessbachbahn am Brienzer See, erbaut 1879. In Österreich baute man 1892 eine weitere sehr bekannte Zahnradbahn auf den Schafberg am Wolfgangsee.

Selbst die ältesten Luftseilbahnen wurden nicht in den Alpen, sondern an anderen Orten der Welt gebaut, 1908 schwebten die ersten Gondeln der Kohlerer Bahn von Bozen nach Kohlern. Überall in den Alpen brauchte man Schwebebahnen. Nur ein Teil von ihnen diente aber dem Personentransport, denn man verwendete einfache Versionen dieser Bahnen auch zum Warenaustausch zwischen den Dörfern im Tal und den Almen. Auf Schwebebahnen, die nur aus einer massiven Kiste bestanden, die an einem Seil aufgehängt war, wurde beispielsweise Milch von den Almen ins Tal transportiert. Für den Transport von Menschen waren diese einfachen Verkehrsmittel nicht zugelassen; man kann aber davon ausgehen, dass sie auch dafür genutzt wurden.

Die erste mit einem Skilift vergleichbare Anlage wurde 1908 auf dem Bödele oberhalb von Dornbirn in Vorarlberg in Betrieb genommen. Es folgten in den nächsten Jahrzehnten unzählige dieser Anlagen, mit denen immer neue Pisten erschlossen wurden. Inzwischen hatte sich nämlich auch der Skisport im Alpenraum breitgemacht. «Alpines Skifahren» wurde aber nicht in den Alpen erfunden. Es entstand aus einer Art, sich fortzubewegen, die in Skandinavien – und von dort ausgehend – auch in Gebirgen Nordamerikas schon lange Zeit betrieben wurde. Die Schweden stellten Skier 1879 auf der Weltausstellung in Paris aus. Dort erkannte der Franzose Henri Duhamel zunächst deren Bedeutung als Ausrüstungsgegenstand für das Militär. Es schlug die Geburtsstunde der Gebirgsjäger, die es später in jedem Alpenland gab und die mit Skiern ausgerüstet waren und sind. Als Sportgeräte waren diese Skier aber noch nicht geeignet, weil sie viel zu lang waren und keine adäquaten Bindungen besaßen. Der Österreicher Mathias Zdarsky erwarb Skier aus dem Norden und sägte sie am hinteren Ende ab, so dass sie etwa Mannslänge, 1,80 Meter, erhielten. Diese Bretter waren wendiger und konnten für sportliche Zwecke besser eingesetzt werden. In seinem damaligen Wohnort Lilienfeld in den niederösterreichischen Voralpen entwickelte Zdarsky in den Jahren 1890 bis 1896 die erste leistungsfähige Skibindung und demonstrierte, wie man mit ihr seitliche Schwünge auf Skiern durchführen kann. Zdarsky gilt daher als der «Erfinder» des alpinen Skilaufs, der heute überall auf der Welt als solcher bezeichnet wird. In jedem Hochgebirge jagt man heute auf Pisten zu Tal und lässt sich meist von Skiliften wieder in die Höhe ziehen, denn das ursprünglich notwendige langwierige Steigen auf Skiern wird dadurch überflüssig.

Zum Skifahren und zur Anlage von Skiliften wählte man vor allem die Hochtäler aus, in denen im Sommer Almwirtschaft betrieben wird. Auch Gletscher wurden in die Skipisten einbezogen. Und in Abhängigkeit vom Gelände gelang es auch, steile Pisten bis in die Täler anzulegen; dazu schlug man vielerorts Schneisen in die Wälder. Man baute Straßen in die Hochtäler. Für den Skisport ist es wichtig, dass die Bewirtschaftung der Almen, die wirtschaftlich heute nicht mehr rentabel ist, fortgesetzt wird. Die Almwirtschaft muss also subventioniert werden – einerseits wegen der landschaftlichen Schönheit der Bergwiesen oberhalb der Baumgrenze, andererseits, um die Zukunft des alpinen Skilaufs zu sichern.

Als wichtigste Sportkämpfe, auf denen nicht nur alpiner Skisport betrieben wird, sondern auch die als «nordisch» bezeichnete Variante des Langlaufs auf Skiern sowie Skispringen, Rodeln und viele andere Eissportarten, installierte man die Olympischen Winterspiele, die alle vier Jahre stattfinden. Der erste dieser Wettkämpfe wurde 1924 in Chamonix ausgetragen, unterhalb des Mont Blanc gelegen, des höchsten Alpengipfels.

Die Mehrzahl der frühen Olympischen Winterspiele fanden ebenfalls in den Alpen statt, 1928 und 1948 in Sankt Moritz, 1936 in Garmisch-Partenkirchen, 1956 in Cortina d'Ampezzo, 1964 in Innsbruck und 1968 in Grenoble. Nach 1968 wurden die Olympischen Winterspiele internationaler. Sie fanden 1976 erneut in Innsbruck und dann nur noch 1992 in Albertville in Savoyen und 2006 in Turin statt, sonst in anderen alpinen Wintersportzentren der Welt.

Im 20. Jahrhundert war man vor allem in der Schweiz bestrebt, das sehr dichte Eisenbahnnetz und viele andere technische Anlagen zu elektrifizieren. Das hing damit zusammen, dass es in der Schweiz so gut wie keine Kohlenlagerstätten gab und daher die Betriebsstoffe für Dampflokomotiven aus dem Ausland beschafft werden mussten. Das wurde vor allem in den Weltkriegen zu einem großen Problem. Voraussetzung für die Elektrifizierung war die Gewinnung elektrischen Stroms in Kraftwerken. Man brauchte Talsperren und Laufwasserkraftwerke in Flüssen, um Turbinen zur Stromgewinnung anzutreiben. Außerdem musste ein System von Speicherkraftwerken aufgebaut werden, in dem in Zeiten überschüssigen Stroms Pumpen Wasser in große Höhen hoben, damit in Zeiten hohen Strombedarfs und des Strommangels zusätzlicher Strom erzeugt werden konnte. Man ließ dann das hochgepumpte Wasser erneut in die Niederungen laufen, wobei es ebenfalls Turbinen antrieb.

Auch in den anderen Alpenländern wurde die Elektrifizierung vorangetrieben, aber nirgendwo derart rigoros wie in der Schweiz. An vielen Orten entstanden Talsperren, und erst wenn ihre Turbinen Strom lieferten, konnten weitere Bahnlinien elektrifiziert werden. Am Hochrhein bauten Schweizer und Deutsche gemeinsam Laufwasserkraftwerke. Unter dem aufgestauten Rhein sollte am Anfang des 20. Jahrhunderts der «Laufen», eine sehr bekannte Stromschnelle zwischen den badischen und Schweizer Teilen Laufenburgs, verschwinden. Dagegen wandte sich erheblicher Protest in der Bevölkerung. Man konnte zwar den Bau der Kraftwerke und das Verschwinden des «Laufen» nicht verhindern, aber die gegen Naturzerstörung Protestierenden organisierten sich in Vereinen, die sich für Natur- und Heimatschutz einsetzten. 1904 wurde in Deutschland der Bund Heimatschutz gegründet, der Vorläufer des heutigen Bundes Heimat und Umwelt. Wenige Jahre später, 1909, entstand der Schweizerische Bund für Naturschutz, der heute den Namen Pro Natura trägt. Beide Vereinigungen setzten sich nicht nur gegen die Naturzerstörung zur Wehr, sondern strebten auch die Anlage von Nationalparks an. In Deutschland war dies zunächst nicht erfolgreich, aber in der Schweiz. Bereits wenige Jahre später, 1914, wurde der Schweizerische Nationalpark als erste derartige Einrichtung in den Alpen und in Mitteleuropa geschaffen, und zwar in Graubünden, im äußersten Osten der Schweiz. Dort soll sich die Wildnis ohne den Einfluss des Menschen entwickeln.

1922 entstand der Nationalpark Gran Paradiso oberhalb des Aostatals und in Piemont in Italien. Ebenso wie in der Schweiz kümmerte man sich vor allem um den Schutz des Alpensteinbocks, dessen Bestände im Rückgang begriffen sind, der aber ein besonders Symbol der Alpenlandschaft ist.

Es dauerte beinahe vierzig Jahre, bis weitere Nationalparks hinzukamen. 1961 wurde im äußersten Nordwesten Jugoslawiens der Nationalpark Triglav eingerichtet, dessen Betreuung heute in den Händen Sloweniens liegt. 1963 legten die Franzosen den Nationalpark Vanoise in den Grajischen Alpen an, er stößt unmittelbar an den Gran-Paradiso-Park. Nach einer weiteren mehrjährigen Pause richteten die übrigen Alpenanrainer «ihre» Nationalparks im Hochgebirge ein. 1978 wurde der deutsche Nationalpark Berchtesgadener Alpen rings um Watzmann, Steinernes Meer und Königssee gegründet, 1981 schließlich der Park Hohe Tauern in Österreich.

Im 20. Jahrhundert wurden zahlreiche Passstraßen für den Autoverkehr ausgebaut. Darunter sind bedeutende Verbindungen, etwa über den Brenner- oder den Gotthardpass. Aber es gibt auch viele weniger wichtige, aber sehr spektakuläre Straßen. Zu ihnen gehört der in Frankreich liegende Pass «Restefond-La Bonette». Die Passhöhe der 1960/61 gebauten Straße zwischen den Seealpen und den Provençalischen Alpen liegt bei 2715 Meter. Der Pass wird immer wieder für den höchsten Alpenpass gehalten, doch das ist nur dann richtig, wenn man eine noch höher hinauf führende Ringstraße einbezieht, die 2802 Meter Meereshöhe erreicht. Trotz der gewaltigen Höhenunterschiede gehörte dieser Pass schon mehrere Male zur Strecke der Tour de France. Höher noch als die eigentliche Passhöhe des «Restefond-La Bonette» ist diejenige über den Col de l'Iseran bei Val d'Isère, einem bekannten französischen Wintersportort.

Viele Straßen der Schweiz wurden und werden vom legendären Schweizer Postauto befahren. Diese Einrichtung gibt es seit 1906. Im Postauto werden einerseits Passagiere befördert, andererseits Postsendungen transportiert. Man kommt mit diesen Fahrzeugen, die mit der Bahn an den Bahnhöfen verknüpft sind, sogar in entlegene Winkel der Schweiz.

Einige Pässe kann man zu Rundfahrten durch die Alpen per Auto oder Bus nutzen. In den österreichischen Alpen wurde 1935 die Großglockner-Hochalpenstraße eröffnet, die überwiegend touristischen Zielen dient. Zur gleichen Zeit baute man die Deutsche Alpenstraße, die den Bodensee mit dem Königssee verbindet. Das Panorama konnte man auch als Druckerzeugnis erwerben: Es gibt eine große Zahl von Panoramakarten der Alpen.

In den Südalpen ist vielerorts eine andere, eine südliche Landschaft anzutreffen. Dies wurde durch das besondere Klima möglich, das an den großen Seen im Süden der Schweiz und in Norditalien herrscht. Das sogenannte Insubrische Klima ist einerseits warm, andererseits regenreich. Und in den großen Wassermassen der Seen wird so viel Wärme gespeichert, dass es so gut wie nie Frost gibt. Daher wachsen am Lago Maggiore, am Luganer und Comer See sowie am Gardasee und anderen Gewässern zahlreiche Pflanzen, die für die mittelmeerische Landschaft typisch sind, darunter Pinien, Zypressen, Zedern, Hortensien, ja sogar tropische Palmen, die Frost nicht ertragen. Beim Bau von Häusern, vor allem der ansehnlichen Villen, hielt man sich an Vorbilder aus dem Mittelmeergebiet. Vielleicht ist es kein Wunder, dass Menschen gerade in dieser paradiesischen Umgebung im frühen 20. Jahrhundert einen Traum vom einfachen Leben verwirklichten, als sie den Monte Verità bei Ascona am Lago Maggiore besiedelten.

Vor allem dann, wenn die Seen bei strahlendem Sonnenschein tiefblau gefärbt sind, entsteht der Landschaftseindruck von Bella Italia, der auf eigentümliche Weise mit den rings um die Seen aufragenden Alpengipfeln kontrastiert, die lange Zeit mit Schnee bedeckt sind. Ansatzweise entsteht dieser landschaftliche Eindruck auch durch entsprechende Bepflanzung am Genfer See und auf der Insel Mainau im Bodensee. Auch dort gibt es selten Frost.

9. Gegenwart der Alpen

Im Ersten Weltkrieg tobten grausame Stellungskämpfe zwischen Österreichern und Italienern in den Hochlagen der Dolomiten. Nach dem Krieg kamen das Trentino und Südtirol zu Italien, das damit zu einem wichtigen Alpenland wurde. Ansonsten liegen in den Alpen keine weiteren bedeutenden Kriegsschauplätze des 20. Jahrhunderts. Die neutrale Schweiz wurde nicht in die Weltkriege einbezogen, baute aber ihr sogenanntes Réduit auf, ein System aus ausgeklügelten Verteidigungsanlagen. Man bereitete einen möglichen Rückzug der Schweizer Bevölkerung in das Innere der Alpen vor, zu dem es im Fall eines möglichen Angriffs von außen gekommen wäre. Vor allem hatte man Angst vor einer deutschen Invasion. Dazu kam es nicht, wohl weniger wegen der Abschreckung durch die Verteidigungsanlagen der Schweiz, sondern weil von vielen Ländern, nicht zuletzt den Deutschen, Finanzgeschäfte großen Ausmaßes über die Schweiz abgewickelt wurden. Allerdings war es sehr schwierig für die Schweiz, Versorgung und Infrastruktur in den Kriegsjahren aufrechtzuerhalten, denn das Land war fast vollständig von Krieg führenden Mächten eingeschlossen. Lebensmittel standen zwar in ausreichender Menge zur Verfügung, weil man schon längst damit begonnen hatte, Mehl mit anderen Nahrungsmitteln zu strecken, und weil man die Bevölkerung davon überzeugte, dass sie auf jedem dafür tauglichen Flecken Erde, auch in Grünanlagen und auf Sportplätzen, Korn und Kartoffeln anbauen musste. Es mangelte aber an Kohle und Erdöl, die im eigenen Land nicht zur Verfügung standen. Auch das war mit ein Grund dafür, dass man nach den Erfahrungen des Ersten Weltkriegs das rigorose Elektrifizierungsprogramm von Eisenbahnlinien durchführte. Am Ende des Zweiten Weltkrieges waren fast alle Bahnlinien der Schweiz elektrifiziert, und das Land übernahm in dieser Hinsicht eine Vorreiterrolle in der Welt, zumal der größte Teil des Stroms aus einer regenerierbaren Quelle, aus Wasserkraft, gewonnen wurde.

Die Schweiz überstand den Zweiten Weltkrieg gewissermaßen mit Bravour. Das Land war nicht in direkte Kriegshandlungen verwickelt, die Infrastruktur hatte funktioniert, es hatte genügend Nahrung gegeben, und das Bankensystem hatte sich bewährt. Die Vermögen vieler Schweizer Bürger waren stabil erhalten geblieben. Das Vertrauen der Welt in den Finanzplatz Schweiz war groß, und vor allem dies hatte große Bedeutung in der Nachkriegszeit.

Die Schweiz war eine Insel der Stabilität inmitten von Europa und entwickelte sich seit der zweiten Hälfte des 20. Jahrhunderts zu einem der wohlhabendsten Länder der Welt. Ihre Finanzplätze wurden in der ganzen Welt beliebt. Viele Menschen verbanden einen Besuch bei ihrer Schweizer Bank mit einem Urlaub in den Bergen. Alljährlich findet in Davos eines der wichtigsten Treffen von Wirtschaftsmagnaten statt: das World Economic Forum, das auch erhebliche politische Bedeutung hat.

In den Ländern, die an die Schweiz angrenzen, mussten nach dem Zweiten Weltkrieg die Industrie und Infrastruktur, die Finanzwirtschaft und die Vermögenswerte neu aufgebaut werden. Ein bedeutender Fortschritt für diese Länder war die Gründung der Europäischen Gemeinschaft 1957 als Vorläuferin der Europäischen Union, an der sich Frankreich, Deutschland und Italien beteiligten: drei Anrainerstaaten der Schweiz, Sieger und Verlierer des Zweiten Weltkrieges. Österreich trat erst 1995 der Europäischen Union bei, Slowenien, das sich 1991 aus dem Vielvölkerstaat Jugoslawien gelöst hatte, kam 2004 als letztes Alpenland zur Europäischen Union. Die Schweiz hingegen ist bis heute der Europäischen Union nicht beigetreten. Auch die Gemeinschaftswährung Euro, die heute in allen anderen Alpenländern gilt, wurde von der Schweiz nicht eingeführt. Und die eigene Währung, der Schweizer Franken, erwies sich als ausgesprochen stabil; sie war und ist in aller Welt gesucht.

Das Erreichen eines Autonomiestatus für Südtirol führte zur Entspannung zwischen Österreich und Italien, die heute beide

Mitglieder der Europäischen Union und der Eurozone sind. Man hat überall im Alpenraum zu einem guten politischen, wirtschaftlichen und kulturellen Miteinander gefunden, was in Anbetracht der enormen Konflikte im 20. Jahrhundert als ein Wunder gelten kann.

Auch in den anderen Alpenländern waren bereits in der ersten Hälfte des 20. Jahrhunderts Talsperren und Wasserkraftwerke gebaut worden. Am Großglockner, dem höchsten Berg Österreichs, in den Hohen Tauern gelegen, begann man bereits vor dem Zweiten Weltkrieg mit dem Bau des bekannten Kraftwerkes Kaprun. Es wurde erst in den Nachkriegsjahren mit Mitteln aus dem Aufbauprogramm des Marshallplans fertiggestellt. Eine ganze Kette von Kraftwerken entstand beispielsweise an der Isar, später auch am Lech. Die Arbeiten dauerten aber länger als in der Schweiz; daher konnten auch nur allmählich weitere Bahnlinien elektrifiziert werden. Immer noch fahren viele Diesellokomotiven auf Bahnstrecken der anderen Alpenländer.

Erwähnenswert ist das Walchenseekraftwerk in Deutschland, in dem die enorme Fallhöhe von Wasser in den Kochelsee zur Gewinnung elektrischen Stroms ausgenutzt wird. Der Walchensee ist von Bergen der Bayerischen Alpen umgeben, der Kochelsee liegt über 200 Meter tiefer im unmittelbaren Vorfeld der Alpen. Man leitet Wasser aus der Isar in den Walchensee; es fällt daraufhin über die Turbinen des Kraftwerks in den Kochelsee. Das Wasser aus diesem See fließt natürlicherweise in der Loisach ab und von dort auf wesentlich niedrigerem Niveau wieder in die Isar.

Wichtige Verkehrswege werden immer stärker genutzt. Im Alpenraum besteht ein dichtes Netz von Autobahnen. Besonders dicht ist der Verkehr auf der Brennerautobahn, die in den 1960er und 1970er Jahren gebaut wurde und Österreich mit Italien verbindet. Symbolische Bedeutung bekam die Europabrücke nördlich des Brenners, die 1963/64 fertiggestellt wurde und damals mit 190 Meter Höhe die höchste Brücke des Kontinents war. Autobahnen werden möglichst eben und mit weiten Kurvenbögen trassiert. Daher führen sie in einer Gebirgsregion nicht nur über Brücken, sondern auch durch zahlreiche Tunnel. Viele Straßen, nicht nur Autobahnen, und Eisenbahnstrecken werden von Galerien überdacht. Diese Bauwerke aus Beton schützen Verkehrswege vor Schäden durch abgehende Schnee- und Steinlawinen, die man auch als Muren bezeichnet. An einigen Stellen, die besonders durch Lawinen gefährdet sind, baute man sogar besondere Schutztunnel.

Wichtige Eisenbahnlinien durch die Alpen sollen künftig durch Basistunnel geführt werden, die dann die alten Passstrecken ersetzen. Bei einem Basistunnel kann man weitgehend auf Steigungsstrecken beiderseits des Tunnels verzichten, der auf möglichst gerader Strecke durch den Berg läuft. Eisenbahn-Basistunnel sind am Lötschberg und am Gotthard bereits in Betrieb. Als Nutzer dieser Strecken kommt man sich minutenlang beinahe so vor wie die Reisenden in der Kurzgeschichte «Der Tunnel» des Schweizer Schriftstellers Friedrich Dürrenmatt (1921–1990), die in einer nicht endenden Röhre unterwegs sind und nichts gegen die Katastrophe unternehmen können. Aber in der Realität endet jeder Tunnel selbstverständlich einmal. Der Gotthard-Basistunnel ist mit etwas über 57 Kilometern der längste Eisenbahntunnel der Welt; er übertrifft sogar den Kanaltunnel zwischen Frankreich und England um einige Kilometer an Länge. Durch die Nutzung dieses Tunnels wird die Fahrzeit internationaler Züge zwischen Deutschland, der Schweiz und Italien um etwa eine Stunde verkürzt, aber auch innerhalb der Schweiz kommt man nun sehr viel schneller voran, etwa von Zürich an die großen Seen der Südschweiz, die einen zusätzlichen Ansturm an Wochenendtouristen zu verkraften haben. Besondere Bedeutung hat ein Basistunnel auch für den Güterverkehr. Längere und schwerere Züge können den Tunnel nutzen, weil sie nicht mehr auf langen Rampen um Hunderte von Metern in die Höhe gezogen werden müssen. Das ist eine Voraussetzung für die Erfüllung der Forderung nach Verlagerung von mehr Gütertransporten auf die Schiene, um die Straßen zu entlasten. Noch länger, nämlich 64 Kilometer, wird der in Bau befindliche Brenner-Basistunnel werden, der Ende der 2020er Jahre in Betrieb gehen soll.

Abb. 18: Das Nordportal des Gotthard-Basistunnels

Insgesamt werden für Brücken, Tunnel und Geländeeinschnitte bei Straßen und Bahnen riesige Mengen an Beton gebraucht, den man aus dem im Alpengebiet verbreiteten Kalk in großen Mengen herstellen kann. Betonkonstruktionen verändern die Landschaft genauso wie große Steinbrüche. Stützwände aus Beton neben den Verkehrstrassen verringern allerdings den Flächenverbrauch dieser Anlagen.

Zur modernen Verkehrsinfrastruktur in den Alpen gehören Flughäfen. Der einzige internationale Flughafen, der von Alpenbergen unmittelbar umgeben ist, befindet sich in Innsbruck; er liegt im Längstalbereich des Inns in West-Ost-Erstreckung. Dies ist auch die Orientierung der meisten anderen Flughäfen in Mitteleuropa, weil sich die Region in der Westwindzone der Erde befindet, in der man bei Westwind nach Westen starten kann, bei seltenem Ostwind dagegen in östlicher Richtung. Gut zu erkennen ist das beispielsweise in Frankfurt oder Berlin. Wenn es das Gelände erlaubte, zog man im Gebiet rings um die Alpen allerdings eine nordsüdliche Ausrichtung der Flughäfen vor. Bei den häufigen starken Föhnwinden kann dann in Richtung

Alpen gestartet werden. Die Start- und Landebahnen in Zürich, Friedrichshafen, Salzburg, Mailand und Turin sind in Nord-Süd-Richtung orientiert.

In den Alpen befinden sich wichtige Industriestandorte, an denen in den letzten Jahrzehnten moderne Werke gebaut wurden. Besonders bedeutend sind Industriebetriebe, die von den Vorzügen der Rohstoffversorgung aus den Alpen profitieren. Zu nennen sind etwa Nestlé in Vevey, einst ein Zentrum der mit Milch hergestellten berühmten Schweizer Schokolade, das ebenso am Nordrand der Alpen liegt wie LafargeHolcim Ltd. in Rapperswil-Jona, einer der wichtigsten Baustoffhersteller der Welt. Hier wurde ursprünglich vor allem aus Kalk Zement hergestellt. Die besonders wichtige Eisenerzlagerstätte am Erzberg in der Steiermark wird seit Jahrhunderten ausgebeutet, und der dortige Tagebau wird noch lange Zeit weiter betrieben werden können. Das Erz wird heute aber vor allem am Alpenrand zu Stahl weiterverarbeitet: im Werk der Voestalpine AG in Linz an der Donau. Hinzu kommen viele kleinere Betriebe, von denen aber trotz ihrer geringen Größe viele zu den weltweiten Marktführern gehören.

Ein besonders wichtiger Wirtschaftszweig in allen Alpenländern ist der Fremdenverkehr. In den Alpen sind in den letzten Jahren zahlreiche Ferienzentren gebaut worden, vor allem für den Wintersport. Dazu gehören Hotels, Restaurants, Seilbahnen und andere Bergbahnen, Skilifte, Parkplätze und Parkhäuser. Pisten werden künstlich beschneit. Das Wasser für Schneekanonen wird speziell zu diesem Zweck angelegten Teichen entnommen. Pisten werden gewalzt und eingeebnet. Gletscher wurden in die Wintersportregionen einbezogen, um einen ganzjährigen Skitourismus zu ermöglichen. Das touristische Infrastrukturangebot wird von immer noch mehr Touristen in Anspruch genommen. Doch werden dabei weitere Bergregionen zugebaut, Pistenraupen und Skiläufer pressen den Schnee unter sich zusammen, so dass er seine Konsistenz verändert und die Böden unter ihm verdichtet werden. Die Spuren des Skifahrens sind in vielen Fällen im darauffolgenden Sommer noch sichtbar: Die Vegetation verändert sich auf den Skihängen. Ein Problem des Skitourismus liegt auch darin, dass Wälder abgeholzt werden, um zusätzliche Pisten für den Abfahrtslauf zu schaffen. Diese Wälder werden aber eigentlich dringend gebraucht, um die darunterliegenden Ortschaften vor Lawinen zu schützen. Ihre Beseitigung führt dazu, dass mehr Lawinen bis in die Tallagen abgehen und dort Siedlungen zerstören.

Eine weitere Bedrohung für den Alpenraum ist der seit Jahrzehnten zu beobachtende Klimawandel. Jahr für Jahr werden die Gletscher kürzer, manche sind bereits vollständig verschwunden. Viele Wälder leiden unter den ansteigenden Temperaturen. Die Zusammenhänge zwischen der Erwärmung des Klimas und der Zunahme von Waldschäden bestehen oft indirekt: So können sich bei höheren Temperaturen mehr Generationen von Schadinsekten entwickeln, beispielsweise des Borkenkäfers, der Fichten befällt und absterben lässt. Unter den klimatischen Bedingungen zurückliegender Jahrzehnte brauchte der Käfer für seine Entwicklung in den Hochlagen, in denen Fichten wachsen, über fünf Monate. Das bedeutete, dass sich der Borkenkäfer nur in günstigen Jahren vollständig entwickeln konnte, und es gab allenfalls nur eine Generation der Tiere. Wenn es zwei Grad wärmer wird, verkürzt sich die Entwicklungsdauer der Käfer so weit, dass in jedem Jahr eine Generation der Insekten heranwächst, und bei einer Temperaturzunahme um vier Grad gibt es die doppelte Anzahl an Borkenkäfern, denn dann bekommt man es in den Bergwäldern pro Sommer mit zwei Generationen der Insekten zu tun.

Die natürlichen Gefahren im Alpenraum bestehen nach wie vor: Stürme, starke Schnee- und Regenfälle, Flutwellen, Muren und Schneelawinen drohen weiterhin. Die dadurch ausgelösten Schäden werden allerdings größer, weil Ortschaften in die gefährdeten Gebiete hineinwachsen und in den Siedlungen sowie Infrastrukturanlagen mehr Kapital gebunden ist. Der Aufwand wird immer größer, Siedlungen und Wirtschaftswerte zu schützen, etwa durch Lawinenverbauungen oder Anlagen, die der Wasserregulierung dienen.

Die Alpenländer haben eine Alpenkonvention zum Schutz der Alpen unterzeichnet, sie unterhalten dazu ein Sekretariat in Innsbruck, zu dem eine Außenstelle in Bozen gehört. Ziel ist es, nicht nur die Natur des Alpenraumes, sondern auch dessen Kultur zu schützen. Es ist sehr kompliziert, eine gute Zukunft für diese bedeutende Landschaft zu finden – mit allen ihren Naturschönheiten, kulturellen Eigenheiten und allen Ideen, die zu den Alpen, zum Alpinen und zu den Landschaften des Hochgebirges entwickelt wurden. Dabei muss darauf geachtet werden, dass alle Schutzziele so weitgehend wie möglich Berücksichtigung finden. Zugleich ist es aber wichtig, dass sich der Alpenraum weiterentwickelt. Große Chancen liegen darin, die Leistungsfähigkeit des Bahnverkehrs weiter zu verbessern, damit tatsächlich mehr Verkehr auf die Schienen verlagert werden kann. Zugverkehr in Basistunneln beeinträchtigt die Alpenwelt nicht, weil er von der Oberfläche der Berge und Täler verbannt ist. Er beeinträchtigt auch die weitere Entwicklung des Fremdenverkehrs nicht.

Wintersport kann in Zukunft nur dann betrieben werden, wenn die Almen weiter bestehen und auf diese Weise die Ausbreitung der Wälder in größere Höhenlagen verhindert wird. Als natürliche Reaktion auf den Klimawandel kann die Waldgrenze sogar noch weiter ansteigen. Von Seiten des Fremdenverkehrs ist diese Entwicklung unerwünscht. Es ist daher sowohl für den Winter- wie für den Sommertourismus wichtig, dass die Almen weiter bewirtschaftet werden und die Tiere aufkommende Gehölze verbeißen und auf diese Weise zurückdrängen. Die Almwirtschaft, die nicht mehr wirtschaftlich betrieben werden kann, muss deswegen subventioniert werden. Allerdings dürfen dann auch die Standortbedingungen der Almweiden nicht durch Pistenwalzen und Skifahrer verschlechtert werden. Und Skilifte, Beschneiungsteiche sowie andere Anlagen, die im Zusammenhang mit dem Skitourismus stehen, müssen, wenn man wirklich noch mehr von ihnen braucht, möglichst so konstruiert werden, dass sie die Almnutzung oder den ästhetischen Eindruck der Hochlagenlandschaft nicht zu stark beeinträchtigen.

Die Erkenntnis solcher und vieler anderer Zusammenhänge sollte ein vorrangiges pädagogisches Ziel sein – nicht nur beschränkt auf den Schulunterricht, sondern für alle Einheimischen, alle Urlauber und alle anderen Menschen, die sich für die Alpen interessieren. Die Pflege einer Landschaft wie die der Alpen erfordert erhebliche Anstrengungen. Als es sich auf der Grundlage der gesamten wirtschaftlichen Gegebenheiten noch lohnte, Almen zu bewirtschaften, wurde das Management der Almweiden durch das aufgetriebene Vieh gewissermaßen von selbst geleistet: Durch Beweidung wurden Gehölze zurückgedrängt oder zurückgehalten, und als Folge der Beweidung wurden sogenannte Weidezeiger häufiger, also diejenigen Pflanzen, die vom Vieh nicht gefressen wurden, beispielsweise Orchideen und Enzian. Wird die Beweidung der Almflächen aber eingestellt, muss man andere Maßnahmen ergreifen, um diese Gebiete zu managen. Das kostet besondere Anstrengung, Arbeit und Finanzen. Eine subventionierte Fortführung der Almbeweidung könnte da vielleicht sogar ökonomischer sein, da so einerseits die Wirtschaftsform und die kulturelle Grundlage der Alm erhalten bleiben, andererseits auch eine bestimmte Form von Vegetation mit ihren charakteristischen Pflanzenarten.

Wählt man dagegen einen anderen Weg für die zukünftige Behandlung von Almflächen und beschließt, dort eine Wildnis zu entwickeln, führt das zur Ausbreitung von Zwergstrauchvegetation und Bergwald. In Einzelfällen und für einige Landstücke kann das durchaus eine interessante Zukunftsperspektive sein (und nur geringe Kosten verursachen), aber diejenigen Pflanzen- und Tierarten, die man eigentlich besonders schützen möchte, werden dann seltener oder verschwinden ganz. Infolgedessen geht aber auch der landschaftliche Charakter einer solchen Fläche verloren oder wird in einen anderen überführt. Aus einem Stück offenen Landes wird dann ein Gesträuch und vielleicht sogar ein Wald. Und eventuell wird auch noch die Fläche beschränkt, auf der man auch in Zukunft noch – wie heutzutage – Ski fahren möchte.

Unter den Bedingungen des Klimawandels wird die Pflege eines Status quo in der Alpenlandschaft noch komplizierter. Man muss nun nämlich auch noch gegen diejenigen Vegetationsentwicklungen angehen, die durch den Klimawandel ausgelöst werden.

Nie geht es nur um ein einziges Ziel, etwa um den Schutz einer einzigen Tier- oder Pflanzenart, sondern stets um sehr viele verschiedene Dinge, die gleichzeitig beachtet werden müssen. Sie gehören alle zur Alpenlandschaft, etwa zu einer solchen, wie sie eingangs im Vorwort beschrieben ist. Auch in Zukunft sollte es in erster Linie darum gehen, den Menschen im Alpenraum und ihren Gästen einen Eindruck von dieser ungewöhnlich schönen Landschaft von weltweiter Bedeutung mit allen ihren Natur-, Kultur- und Ideenschätzen zu ermöglichen.

Literatur

Allgemeine Literatur

Bätzing, Werner, Die Alpen. Geschichte und Zukunft einer europäischen Kulturlandschaft. 4. Auflage, München 2015.

Küster, Hansjörg, Geschichte der Landschaft in Mitteleuropa. Von der Eiszeit bis zur Gegenwart. München, 6. Auflage 2010.

Mathieu, Jon, Die Alpen. Raum – Kultur – Geschichte. Stuttgart 2015.

Patzelt, Gernot, Gletscher. Klimazeugen von der Eiszeit bis zur Gegenwart. Berlin 2019.

Veit, Heinz, Die Alpen – Geoökologie und Landschaftsentwicklung. Stuttgart 2002.

Kapitel 2

Tollmann, Alexander, Entstehung und früher Werdegang der Tethys mit besonderer Berücksichtigung des mediterranen Raumes. Mitteilungen der Österreichischen Geologischen Gesellschaft 77, 1984, 93–113.

Kapitel 3

Burga, Conradin A., und Roger Berret, Vegetation und Klima der Schweiz seit dem jüngeren Eiszeitalter. Thun 1998.

Ellenberg, Heinz, und Christoph Leuschner, Vegetation Mitteleuropas mit den Alpen in ökologischer, dynamischer und historischer Sicht. 6. Auflage, Stuttgart 2010.

Finkenzeller, Xaver, und Jürke Grau, Alpenblumen. München 1985.

Frenzel, Burkhard, Vegetationsgeschichte der Alpen. Stuttgart 1972.

Hoppe, Ansgar, Blumen der Alpen. Stuttgart 2012.

Kral, Friedrich, Spät- und postglaziale Waldgeschichte der Alpen auf Grund der bisherigen Pollenanalysen. Wien 1979.

Lang, Gerhard, Quartäre Vegetationsgeschichte Europas. Methoden und Ergebnisse. Jena, Stuttgart, New York 1994.

Mattes, Hermann, Der Tannenhäher im Engadin. Studien zu seiner Ökologie und Funktion im Arvenwald. Münster 1978.

Mayer, Hannes, Waldbau auf soziologisch-ökologischer Grundlage. 2. Auflage, Stuttgart, New York 1980.

Reisigl, Herbert, und Richard Keller, Alpenpflanzen im Lebensraum. 2. Auflage, Stuttgart, Jena, New York 1994.

Reisigl, Herbert, und Richard Keller, Lebensraum Bergwald. 2. Auflage, Heidelberg, Berlin 1999.

Zetzsche, Holger, Die Phylogeographie des Artkomplexes Pulsatilla alpina (Ranunculaceae). Dissertation Halle-Wittenberg 2004.

Kapitel 4

Bortenschlager, Sigmar, und Klaus Oeggl (Hrsg.), The Iceman and his Natural Environment. Palaeobotanical Results. Wien, New York 2000.

Küster, Hansjörg, Auswirkungen von Klimaschwankungen und menschlicher Landschaftsnutzung auf die Arealverschiebung von Pflanzen und die Ausbildung mitteleuropäischer Wälder. Forstwissenschaftliches Centralblatt 115, 1996, 301–320.

Markgraf, Vera, Palaeohistory of the spruce in Switzerland. Nature 228, 1970, 249–251.

Montanwerke Brixlegg AG, Klaus Oeggl und Veronika Schaffer (Hrsg.), Cuprum Tyrolense. 5550 Jahre Bergbau und Kupferverhüttung in Tirol. Brixlegg 2013.

Pauli, Ludwig, Die Alpen in Frühzeit und Mittelalter. Die archäologische Entdeckung einer Kulturlandschaft. München 1980.

Schweizerische Gesellschaft für Ur- und Frühgeschichte (Hrsg.), Ur- und frühgeschichtliche Archäologie der Schweiz. 6 Bände. Basel, 1968 ff.

Kapitel 5

Sotriffer, Kristian, Domus Alpina. Bauformen und Hauslandschaften im Alpenbereich. Wien 1982.

Werner, Paul, Der Bergbauernhof. Bauten – Lebensbedingungen – Landschaft. München 1979.

Werner, Paul, Almen. Bäuerliches Wirtschaftsleben in der Gebirgsregion. München 1981.

Kapitel 6 und 7

Flammer, Dominik, und Sylvan Müller, Enzyklopädie der alpinen Delikatessen. Aarau 2014.

Gerhard, Anselm, und Annette Landau (Hrsg.), Schweizer Töne. Die Schweiz im Spiegel der Musik. Zürich 2000.

Heer, Oswald, Die Urwelt der Schweiz. Zürich 1865.

Küster, Hansjörg und Ulf (Hrsg.), Garten und Wildnis. Landschaft im 18. Jahrhundert. München 1997 (mit den angegebenen Texten von Scheuchzer und Haller).

Mittler, Max, Pässe, Brücken, Pilgerpfade. Historische Verkehrswege der Schweiz. Zürich, München 1988.

Reinhardt, Volker, Die Geschichte der Schweiz. Von den Anfängen bis heute. München 2011.
Rutz, Werner, Die Alpenquerungen. Ihre Verkehrseignung, Verkehrsbedeutung und Ausnutzung durch Verkehrswege. Nürnberg 1969.
Scheidegger, Ernst (Hrsg.), Das Bergell. Heimat der Giacomettis. Zürich 2001.
Schmidt, Aurel, Die Alpen. Eine Schweizer Mentalitätsgeschichte. Frauenfeld 2011.
Wagner, Christoph, Jodelmania. Von den Alpen nach Amerika und darüber hinaus. München 2019.

Kapitel 8

Der Roman «The Gustav Sonata» von Rose Tremain erschien in London 2016. Die deutsche Übersetzung trägt den Titel «Und damit fing es an» (Berlin 2016).
Bollmann, Stefan, Monte Verità 1900. Der Traum vom alternativen Leben beginnt. München 2017.
Conrad, Ernst, Bernina-Express. Von den Gletschern zu den Weinbergen. München 1986.
Dauer, Tom, Alpen. Die Kunst der Panoramakarte. München, London, New York 2019.
Kos, Wolfgang (Hrsg.), Die Eroberung der Landschaft. Semmering – Rax – Schneeberg. Wien 1992.

Bildnachweis

Karte: © Peter Palm, Berlin
Abb. 1: © Peter Palm, Berlin
Abb. 6: © mauritius images/Sebastian Frölich
Abb. 7: © akg-images
Abb. 12: © mauritius images/History and Art Collection/Alamy
Abb. 15: © mauritius images/Bernd Römmelt
Abb. 17: © akg-images/Erich Lessing
Abb. 18: © mauritius images/Christoph Ruegg/Alamy

Alle übrigen Abbildungen stammen vom Autor.

Register

Absam 88
Adamello-Gruppe 11
Adda 14
Adhäsionsbahn 97
Adige *siehe* Etsch
Adria 11
Aebi 68
Afrika 23–25, 49
Agassiz, Louis 81
Ahorn 44, 54, 69, 88
Akkordeon 86
Albertville 99
Albulabahn 96
Alemannen 73
Allgäu 15, 71
Allgäuer Alpen 11–13
Alm 53–56, 59, 61, 69 f., 76–78, 85, 97 f., 110 f.
Almabtrieb 55
Alpbach 55
Alpenampfer 54
Alpenglühen 28
Alpenkonvention 109
Alpenküchenschelle 42
Alpenrhein 36, 50
Alpenrose 45 f.
Alpensteinbock 47, 100
Alpenvorland 14, 16
Alpes maritimes *siehe* Meeralpen
Alphorn 78, 86
Alpidischer Gebirgsgürtel, Hochgebirge 9, 25, 29
Alpin 20, 50, 110
Alpine Höhenstufe 20, 45, 47, 80
Alpiner Skilauf 20, 97 f.
Alpinist 20
Altdorf 76
Altes Testament 22
Amati, Nicola 88
Amberbaum 40
Amerika 75
Ammersee 36
Anden 20
Andermatt 96
Aosta 60
Aostatal 19, 100
Apennin 9, 11, 26
Appenzeller Alpen, Land 10, 12, 66
Appenzeller Käse 70
Äquator 80
Arktis 38, 43, 47
Arktisch-alpine Verbreitung 42, 47, 80
Arve 43–45, 48, 64
Ascona 102
Asien 25, 39, 71
Aufklärung 22
Augsburg 11, 60
Autobahn 105 f.
Avignon 75

Balkan 40
Balthus (Balthasar Kłossowski de Rola) 65
Basel 10
Basistunnel 106, 110
Basler Erdbeben 26
Baumgrenze 45, 53, 98
Bayerische Alpen 11–13, 105
Bayern 87, 89
Belluno 19
Benatzky, Ralph 87

Berardie 42
Berchtesgadener Alpen 100
Bergahorn 44
Bergamasker Alpen 10, 12f.
Bergamo 13
Bergbahn 97, 108
Bergbau, -werk 52f., 56f.
Bergell 11, 71
Bergsteigen 7, 95
Bergsturz 26, 34
Bergulme 44
Berlin 19, 87, 107
Bern 10, 19, 77, 79f., 95
Bern (Kanton) 54
Berner Alpen 10, 12f., 17, 28
Berner Hobelkäse 70
Berner Oberland 65
Bernhardiner 63
Berninabahn 96
Berninagruppe 17
Beschneiungsteich 110
Beton 107
Bewimperte Alpenrose 46
Bielefeld 87
Birke 42–44
Birke, Zwergbirke 42
Birne/Birnenschnitzbrot 79, 88
Blauer Eisenhut 54
Bleiche Berge 28
Blockbau, -haus 64f., 69
Boccherini, Luigi 89
Bödele bei Dornbirn 97
Bodensee 31, 50, 71, 101f.
Böhmen 93
Bologna 11
Borkenkäfer 109
Bozen 11, 19, 52, 97, 110
Braided river 36
Brandwirtschaft 72, 76
Bregenzer Wald 10, 12
Brenner(pass) 11f., 18, 60, 91, 93, 100, 105
Brenner-Basistunnel 106
Brescia 88
Brienzer See 97
Brig 10, 68, 96
Bronze(zeit) 52, 55f.
Buche 44, 50
Buchweizen 71
Bündner Bergkäse 70
Bündner Südtäler 19
Bündnerfleisch 76

Cannae 59
Carigiet, Alois 78
Carpentier, Johann von 81
Carus, Carl Gustav 82
Casa Svizzera 84
Chalet 96
Chamonix 98
Charles VIII., König von Frankreich 75
Chimborazo 80
Chönz, Selina 78
Christbaum 89
Chur 10, 96
Col de l'Iseran 10, 101
Col de la Croix 28
Comer See 31, 67, 84, 101
Cook, Thomas 96
Cortina d'Ampezzo 99
Cottische Alpen 10, 13f.
Cremona 88

Dachlawine 66
Dachstein 11f., 14, 53
Dachsteinhöhlen 27
Dahl, Johan Christian 82
Dauerfrostboden 38
Dauphiné 10, 13f.
Davos 95f., 104
Dendrochronologie 51
Dessau-Wörlitz, Gartenreich 84
Deutsche Alpenstraße 101
Deutscher Alpenverein 95
Deutsches (Kaiser-)Reich 73, 84
Deutschland 10–12, 18f., 27, 48, 73, 75, 81f., 84, 99f., 103f., 106

Dirndl 87
Doline 27
Dolomieu, Déodat Gratet de, Dolomit 28
Dolomiten 11 f., 14, 17, 19, 28, 50, 103
Donau 9, 14, 108
Donaueiszeit 29
Dornbirn 97
Drachenloch 49
Drau 11, 14 f.
Dresden 81 f.
Dufourspitze 17
Duhamel, Henri 97
Durance 14 f., 36
Dürrenmatt, Friedrich 106
Dürrnberg 63

Edelkastanie *siehe* Esskastanie
Edelweiß 95
Eibsee(-Bergsturz) 34
Eiche 44, 64
Eidgenossenschaft *siehe* Schweiz
Eiger 10, 17
Einhaushof 65
Eisack 14
Eisen(zeit) 55–57
Eisenbahn 85, 91, 93, 95 f., 99, 101, 103, 105–107, 110
Eisenerz 108
Eisenerzer Alpen 12
Eisenhut, Blauer 54
Eisriesenhöhle 27
Eissport 98
Eiszeit(alter) 29 f., 32–34, 38–41, 47–49, 56, 81, 84
Eiszeitrefugium 38–40
Elbe, Elbsandsteingebirge 81
Elbrus 17
Elefant 59
Elektrifizierung 99, 103, 105
Emmentaler Käse 70
Endmoräne 31 f., 36
Engadin 14, 66, 78
England 81, 94, 96, 106
Enns 14
Enzian 54, 111
Erdbeben 26
Erdöl 103
Erle 45
Erosion 26
Erratischer Block 81
Erster Weltkrieg 18, 103
Erzberg 108
Erzgebirge 93
Esche 44, 54, 58, 69
Escher, Alfred 83, 85
Esskastanie 40, 48, 71, 79
Etsch 14, 50, 71
Euro 104 f.
Europabrücke 105
Europäische Gemeinschaft/Union 104 f.

Fachwerkbau 64
Faltengebirge 24
Fassatal 19
Fastenzeit 56
Feige 61
Ferienzentrum 95, 108
Ferner 32
Ferner Osten 20
Fernpass 60
Fichte 44 f., 50, 63 f., 66, 78, 88, 109
Finsteraarhorn 17
Fischbacher Alpen 12
Flaumeiche 48
Flöte 86
Flügelnussbaum 40
Flughafen 107
Föhn 15 f., 107
Fossilien 22
Frankfurt am Main 84, 107
Fränkische Schweiz 82
Frankreich, Französische Alpen 9 f., 13, 17–19, 36, 44, 48–50, 73, 81, 93 f., 97, 100, 104, 106

Französische Revolution 90
Frauenkirch 96
Fremdenverkehr 108, 110
Friaul 15, 19
Friedrich, Caspar David 82
Friedrichshafen 108
Frosttrocknis 38
Früchtebrot 79
Furkapass 10

Gail 13 f.
Gailtaler Alpen 12 f.
Gams, Gämse 47
Gardasee 31, 41, 50, 101
Garmisch-Partenkirchen 99
Gebirgsjäger 98
Geige *siehe* Violine
Geiß *siehe* Ziege
Gelbe Rübe 79
Gemäßigte Zone 25
Genetischer Flaschenhals 39
Genf 10
Genfer See 31, 102
Gental 54
Genua 10, 61, 94
Geosynklinale 23
Germer 54
Gerste 57
Geschiebe 31
Gessner, Conrad 79
Gewürz 61, 70
Giacometti, Alberto, Augusto und Giovanni 85
Giessbachbahn 97
Gips(karstgebiet) 28
Gipskraut 42
Gitarre 86
Glacier-Express 96
Glarner Alpen 10, 12, 14
Glarus 27
Gletscher 29 f., 32 f., 38, 41, 45, 52, 56, 81, 84, 98, 108 f.
Goethe, Johann Wolfgang von 78, 81 f.
Gotthard(pass) 10, 60 f., 63, 76, 83, 85, 91 f., 94, 100, 106
Gotthard-Basistunnel 106 f.
Gotthelf, Jeremias 84
Graff, Anton 81
Grajische Alpen 10, 13, 41, 100
Gran Paradiso 100
Grand Chalet 64 f.
Grand Tour 81, 91
Grasheu 57
Graubünden 12, 19, 76, 100
Grenoble 10, 75, 99
Greyerzer Käse 70
Gries 36, 44
Großer Sankt-Bernhard(-Pass) 10, 60 f., 63
Großes Walsertal 14, 73
Großglockner 11, 17, 105
Großglockner-Hochalpenstraße 101
Großvenediger 17
Gruber, Franz Xaver 89
Grundmoräne 31
Grünerle 45, 53
Gruyère *siehe* Greyerzer Käse
Guarneri, Giuseppe 88
Guillaume Tell (Oper) 84
Günzeiszeit 29
Gurktaler Alpen 12

Habsburger 73, 76, 82, 84, 93
Hackbrett 86
Hallein 53
Haller, Albrecht von 80 f.
Hallstatt(zeit) 53
Hängetal 33 f., 56
Hannibal 59
Haselnuss 78
Hauslabjoch 52
Haydn, Joseph 87, 89
Heer, Oswald 84 f.
Heilbrunn, Bad 58
Heiliges Römisches Reich deutscher Nation 18, 61
Heimatschutz 100

Helvet(i)er 72, 80
Helvetia 83, 85
Heu 57, 65 f.
Heuharfe 69
Himalaja 9, 20, 26
Hinterrhein 14, 63
Histe 69
Hochkönig 52
Hochmoor 32
Hochtorpass 11
Hodler, Ferdinand 85
Hofbaum 69
Hofer, Andreas 90
Hohe Tauern 11 f., 17, 100, 105
Höhenstufen 80
Höhle 27
Hölloch 27
Holsteinische Schweiz 82
Hominiden 49
Hopfenbuche 40, 48
Hornussen 77
Hortensie 101
Hospiz 61, 63
Humboldt, Alexander von 80

Imperium Romanum 18
Industrie 108
Inn 11, 14, 60, 107
Innsbruck 11, 87, 99, 107, 110
Innviertel 15
Insubrisches Klima 101
Interlaken 77
Isar 36, 105
Italien 9–12, 16–19, 36, 50, 52, 74 f., 81 f., 84, 91, 93 f., 96, 100–106

Jagd, Jäger 49 f.
Jahrring 88
Jaufenpass 11
Jodeln 78, 86
Jugoslawien 18 f., 100, 104
Julier(pass) 60, 63
Julisch Venetien 19
Julische Alpen 11 f.
Jungfrau 10, 17
Jungsteinzeit 50, 52, 55, 84
Jura(zeit) 25 f.
Jürg Jenatsch (Roman) 84

Kalk(stein) 22 f., 26–28, 45
Kalkalpen 13, 33
Kaltzeit 29
Kalzium 28
Kampfelefant 59
Kanaltunnel 106
Kaprun 105
Kar 29, 41
Karawanken 11 f.
Karnische Alpen 11 f.
Kärnten 19, 31, 50, 57, 66
Kärntner Alpen 11
Karpaten 9
Karpfsee 58
Karren(feld) 27, 34
Karst 26–28, 34
Karthago 59
Kartoffel 103
Karwendel(gebirge) 11 f.
Käse 53, 55 f., 61, 70 f., 76, 78, 81
Kaukasus 9, 16 f., 39
Kehrtunnel 91
Keller, Gottfried 84
Kelten 53, 59
Kempten 60
Kerbtal 34 f., 73
Kernerische Schmuckblume 42
Kiefer 42–44
Kirchenstaat 93
Kirchner, Ernst Ludwig 96
Kissling, Richard 83, 85
Kitzbüheler Alpen 11 f.
Klagenfurt 95
Klarinette 86
Kleine Eiszeit 88
Kleine Karpaten 9
Kleiner Sankt-Bernhard-Pass 10
Kleines Walsertal 14, 73

Klimawandel 109, 111
Klosters 96
Klotz, Matthias 88
Kochelsee 105
Kochsalz 53
Kohle 99, 103
Kohlern, Kohlerer Bahn 97
Kolumbus, Christoph 75
Königssee 100 f.
Konrad II., dt. Kaiser 18
Kontinentalplatte, -scholle 24 f.
Kontinentalverschiebung 23
Kraftwerk 99, 105
Kramsach 35
Kranz, W. (Maler) 51
Kreidezeit 25 f.
Krippe 89 f.
Küchenschelle, Alpen- 42
Kuh 70, 76, 90
Kupfer(zeit) 52

La Tène 53
La Tourbie 60
Lab 70
Ladinisch 19
LafargeHolcim Ltd. 108
Lägerflur 54
Lago Maggiore 31, 101 f.
Landler, Ländler 86
Landquart 96
Landwasserviadukt 96
Langlaufski 20, 98
Lärche 43–45, 64
Laubheu 57 f.
Laufen, Laufenburg 99
Laufwasserkraftwerk 99
Laurin 28
Laute 86
Lawine 53, 63, 66, 69, 106, 109
Lech 13, 105
Lechtaler Alpen 11–13
Lederhose 87
Legschindeldach 66
Lein 71
Leite/Leitenpflug 68
Liechtenstein 10, 18 f.
Ligurische Alpen 9 f., 13
Lilienfeld 98
Limes 18
Linde 44, 54, 69
Linz 11, 108
Lithogenese 23
Ljubljana 11, 19
Loisach 105
Lombardei 15, 93
Lötschberg 94 f., 106
Loveno di Menaggio 67
Luganer See 31, 101
Luzern 76 f., 97
Luzerner See *siehe* Vierwaldstätter See

Magnolie 40
Maiensäß 56, 70, 78
Mailand 10, 87–89, 91, 93 f., 108
Mainau 102
Mammutbaum 40
Mandoline 86
Mann, Katia und Thomas 95
Maria Wörth 31
Marmolada 17
Marseille 94
Marshallplan 105
Massentourismus 95
Matterhorn 10, 17, 96
Matterhorn-Gotthard-Bahn 96
Mecklenburgische Schweiz 82
Meeralpen 10, 49, 100
Menaggio 67
Meran 72
Meyer, Conrad Ferdinand 84
Mindeleiszeit 29
Misox 19
Mittelalter 18, 53, 60 f., 63, 68, 71 f., 77, 86, 88
Mittelmeer 9, 14, 17 f., 23 f., 38, 40, 48, 52, 61, 76, 80, 94, 101
Mittenwald 88 f.

Mitterberg 52
Molassemeer 23
Molke 70
Möll 14
Monaco 10, 18, 60
Mönch 10, 17
Mont Aiguille 75
Mont Blanc 10, 17, 98
Mont Cenis 10, 42
Mont-Cenis-Glockenblume 42
Mont-Cenis-Tunnel 93 f.
Mont Ventoux 75
Monte Baldo 42
Monte-Baldo-Segge 42
Monte Rosa 10
Monte Verità 102
Monti pallidi 28
Moor, Moos 32
Moräne 30, 32
Mozart, Wolfgang Amadeus 87
München 11, 28, 87
Münchner Schotterebene 36
Mund (Wallis) 71
Muotatal 27
Mur 14
Mure 26, 34, 63, 106, 109
Murmeltier 48
Murnauer Moos 32

Nacheiszeit 47, 49
Naher Osten 20, 39 f., 50
Nationalpark 100
Naturschutz 7, 100
Neapel 89
Nestlé 108
Nidwalden 76
Niedere Tauern 11 f.
Niederlande 82
Niederlieger 70
Niedermoor 32
Niederösterreich 98
Nizza 10
Nomadismus 54
Nordamerika 39 f., 97
Nordischer Skilauf 20, 98
Nordsee 14, 22
Noriker 72
Nunatak 33 f., 41–43, 47
Nussbaum *siehe* Walnussbaum
Nussbrot 79

Oberbayern 15, 31, 50, 58, 66, 72
Oberkrainer 87
Oberndorf 89
Oberösterreich 52 f.
Oberschwaben 50
Obst(-baum) 69, 88
Obwalden 76
Okeanos 25
Olympische Winterspiele 98 f.
Orchideen 53 f., 111
Orogenese 23
Ortler, Ortler-Gruppe 11, 17
Ostasien 39 f.
Österreich 11 f., 18 f., 27, 36, 52 f., 86 f., 93, 95, 98, 100, 103–105
Österreich-Ungarn 18, 73, 93
Ostsee 22
Ötzi 52
Ötztal, Ötztaler Alpen 11 f., 33, 52

Palme 101
Pangaea 23, 25
Pannonisches Becken 48
Panoramakarte 101
Panthalassa 25
Paris 19
Passeiertal 90
Passstraße, -weg 60, 63
Pauschalreise 96
Petrarca, Francesco 75
Pfahlbau(siedlung) 50 f., 55, 84
Pflug 57, 68
Piemont 100
Pinie 101
Pistenraupe, -walze 108, 110
Piz Bernina 10, 17
Plöckenpass 11

Po, Po-Ebene 10f., 14f., 59, 93
Polka 86
Pollen 47
Pontresina 96
Postauto 101
Postkutsche 91
Pragelpass 27
Pro Natura 100
Provençalische Alpen 10, 13, 75, 100
Provence 89
Pultdach 66
Puschlav 19, 96
Pustertal 11
Pyrenäen 9

Quartär 28
Quelltopf 28

Raclette *siehe* Walliser Raclette
Raeter 72
Ragaz, Bad 49
Rapperswil-Jona 108
Rätikon 10, 12
Rätische Alpen 10, 12, 17
Rätoromanisch 19
Réduit 103
Reformation 79
Reschenpass 12
Restefond-La Bonette 100f.
Reuss 14, 62
Reute, Reit(h), Reutte 72
Rhätische Bahn 96
Rhein 10, 13f., 96, 99
Rhône 10, 14, 36, 50
Ried 32
Riggenbach, Niklaus 97
Rigi 97
Rind 76f.
Risorgimento 93
Risseiszeit 29
Rödelheim 84
Rodeln 98
Roggen 57, 66
Rom 19, 93
Römer 17, 59f.
Rosengarten 28
Rosenheim 60
Rossini, Gioachino 84
Rossinière 64f.
Rosskastanie 40
Rostrote Alpenrose 46
Rousseau, Jean-Jacques 81
Rüeblitorte 79
Rüfe 63
Rütli 72, 75f.
Ruza 28

Sachsen 93
Sächsische Schweiz 81
Safran 71
Salz 53, 55f., 59, 61
Salzach 14
Salzburg 11, 87, 89, 95, 108
Salzburger Alpen 11f., 14
Salzburger Land 31, 50, 52f., 87, 89
San Bernardino 63
Sanddorn 42
Sander 36
Sandwirt 90
Sankt Gallen 7, 71
Sankt Leonhard 90
Sankt Moritz 10, 96, 98
Säntis 7, 49
Santon 89
Saumpfad, -weg 60, 63, 91
Save 14
Savoyen, Savoyer Alpen 10, 13, 17, 98
Sbrinz 70
Schabziger(klee) 70
Schaf 70, 76f.
Schafberg 97
Schalmei 86
Schellenursli 76
Scheuchzer, Johann Jakob 79f.
Schiefer 66

Schiller, Friedrich 78, 82
Schimmelpilzkultur 70
Schimper, Karl Friedrich 81
Schindel 64, 66
Schirmtanne 40
Schlesien 93
Schmuckblume, Kernerische 42
Schneeheide-Kiefernwald 43
Schneekanone 108
Schneiteln 54, 58
Schnürlregen 15
Schöllenenschlucht 60, 62 f., 76
Schratten 27
Schubert, Franz 87
Schwaige/Schweige 73
Schwebebahn 97
Schweden 97
Schweiz 10, 12, 17–19, 27, 30, 36, 50, 64 f., 70, 72–77, 79–86, 94–96, 99–101, 103 f., 106
Schweizer (Berufsbezeichnung) 73, 75
Schweizer Franken 104
Schweizer Mittelland 14
Schweizer Schokolade 108
Schwemmfächer 34
Schwingen 77
Schwyz 27, 72 f., 76 f.
Sedimentation 23
Seealpen *siehe* Meeralpen
Seetaler Alpen 12
Segantini, Giovanni 85
Seilbahn 97, 108
Seitenmoräne 31
Sellajoch 50
Semmering(bahn) 91, 93–96
Senn(erei) 55, 75 f., 78
Senonen 59
Sense 55, 57
Seppelhose 87
Septimer(pass) 60 f.
Sichel 57
Siegerland 93
Silber 61
Silberwurz 42
Silvretta 10, 12
Similaun 52
Simplon 91, 94
Sinterkalk 27
Sintflut 22, 79
Skandinavien 20, 42, 97
Skilauf, Skitourismus 7, 20, 97 f., 108–111
Skilift 97 f., 108, 110
Skispringen 98
Slowakei 9
Slowenien 11 f., 17–19, 50, 57, 66, 87, 100, 104
Sommerfrische 95
Spalier 69
Spanien 9, 80, 82
Spätfrost 38
Speicher (Gebäude) 65
Speicherkraftwerk 99
Spitzbergen 80
Splügen(pass) 60
Spyri, Johanna 84
Stahl 108
Stainer, Jakob 88
Standseilbahn 97
Starnberger See 31, 36, 41
Stauchendmoräne 31
Steiermark 19, 57, 72, 108
Steigungsregen 15 f.
Steinadler 48
Steinbruch 107
Steineiche 48
Steinernes Meer 100
Steingletscher 30
Steinlawine *siehe* Mure
Steinstossen 77
Stilfser Joch 11
Stradivari, Antonio 88
Strauss, Richard 90
Streichquartett 88
Strohdach 66
Strom(gewinnung) 99, 104
Stubaier Alpen 11 f.

Stubenmusi(k) 86, 88, 90
Subsistenzwirtschaft 77
Südsee 84
Südtirol 12, 18 f., 36, 48, 71 f., 90, 93, 103 f.
Suisse, Svizzera, Switzerland 72
Sustenpass 30

Tagliamento 14, 36
Talschulter 56
Talsperre 99, 105
Tanne *siehe* Weißtanne
Tannenhäher 48
Tauernbahn, Tauerntunnel 95
Tell, Wilhelm 76, 82
Tendabahn 95
Tennengebirge 27
Terrakotta 89
Terrassierung 68
Tessin 19, 71
Tessiner Alpen 10, 12, 14
Tethys 23–25
Teufelsbrücke 62 f., 76
Teufen 7
Tgesa da Sett 61
Ticino 14
Tiefenbachklamm 35
Timmelsjoch 11
Tirano 96
Tirol (Burg) 72
Tirol (Land) 12, 35, 52, 55, 66, 71 f., 88 f., 93
Toskana 52
Tour de France 101
Tourismus, Tourist 20, 81, 87, 91, 95 f.
Tracht 87
Transhumanz 54
Tremain, Rose 96
Trentino 19, 36, 103
Trias 23
Trientiner Alpen 11
Triest 11, 91
Triglav 17, 100
Trockenfleisch 76
Trockenmauer 68
Trogtal 32–34, 36, 41, 56
Tropen 25, 49, 61, 80, 101
Tropfstein 27
Tuberkulose 95
Tulpenbaum 40
Turbine 99, 105
Turin 10, 88, 98, 108

Ulme 44, 54
UNESCO-Weltkulturerbe 51, 53, 86, 93, 96
Unspunnenstein 77
Unterwalden 76
Uri 76, 96
Urkantone 76, 79
USA 20, 97
U-Tal 32, 34

Vaduz 10
Val d'Isère 101
Vallonet 49
Valtellina *siehe* Veltlin
Vanoise 100
Veltlin 14
Venedig 11, 61, 87, 91, 93
Venetien 15, 19, 93
Venetz, Ignaz 81
Venezianer Alpen 11–13
Verona 31, 60, 93
Verwallgruppe 12
Vevey 108
Via Claudia Augusta 60
Viamala 63
Viehläger 54
Vierwaldstätter See 76
Vikariierende Arten 46
Ville, Antoine de 75
Vinschgau 14 f., 71
Violine, Viola, Violoncello 87–89
Visp 96
Visperterminen 68
Voestalpine AG 108

Volksmusik 86 f.
Vorarlberg 12, 97
Vorderrhein 14
Vršičpass 11
V-Tal 34

Waadt 65
Waalweg 71
Wacholder 42
Wagner, Johann Jacob 79
Walchensee(kraftwerk) 105
Waldbinnenklima 46
Waldgrenze 20, 46 f., 53, 80, 110
Wallach, Moritz und Julius 87
Wallis 13–15, 17, 36, 50, 68, 71, 73, 95 f.
Walliser Alpen 10, 12, 17
Walliser Raclette 70
Walnuss(baum) 40, 69, 79
Walserkolonisierung 73
Walzer 86
Warmzeit 32
Wasserhärte 28
Wasserkraft(werk) 104 f.
Watzmann 100
Weide (Gehölzpflanze) 42
Weihnachten 89
Wein 61, 68, 79
Weißtanne 44, 63
Weizen 57
Welschschweiz 18
Weltkriege 99, 103
Weltkulturerbe *siehe* UNESCO-Weltkulturerbe
Wendepflug 68
Wiederkäuer 47
Wien 19, 28, 87, 89, 91, 95
Wiener Kongress 82
Wiener Wald 12
Wiener Walzer 87
Wiese 55 f., 69 f.
Wildbodenhaus 96
Wildfluss 36, 43
Wildkirchli 49
Wilhelm Tell (Theaterstück) 78
Wintersport 108, 110
Wolfgangsee 87, 97
Wolfratshauser See 31 f.
World Economic Forum 104
Wörthersee 31
Würmeiszeit 29, 31 f., 41
Würmsee *siehe* Starnberger See

Zahnradbahn 97
Zaun 66, 68
Zdarsky, Mathias 98
Zeder 101
Zelkove 40
Zellulose 48
Zement 108
Zentralalpen 13
Zermatt 96
Ziege 70, 76 f.
Ziger *siehe* Schabziger
Zillertaler Alpen 11 f.
Zingg, Adrian 81
Zirbe/Zirbelkiefer 43, 64
Zither 86
Zugspitzbahn 33
Zugspitze 11, 17, 27, 33 f.
Zungenbeckensee 31 f.
Zürgelbaum 49
Zürich 10, 77, 79, 83–85, 94, 106, 108
Zürichsee 31, 50, 51, 84
Zweiter Weltkrieg 103–105
Zwergbirke 42
Zypresse 101